Josef Stransky

Der Spötter oder Zytherens Sieg

1. Band

Josef Stransky

Der Spötter oder Zytherens Sieg
1. Band

ISBN/EAN: 9783744604857

Hergestellt in Europa, USA, Kanada, Australien, Japan

Cover: Foto ©ninafisch / pixelio.de

Weitere Bücher finden Sie auf **www.hansebooks.com**

Der Spötter,
oder
Zytherens Sieg.
Keine Fabel.

Von
J. St.

1793.

*Hoc nihil esse putas? scelus est, mihi
 crede sed ingens,
Quantum vix animo concipis ipse tuo.
 Martialis.*

Vorerinnerung.

Keine Vorrede? Nein, diese, wenn sie auch noch so süß abgefaßt, und mit den schönsten Floskeln durchspickt ist, macht die Sache doch nicht beßer. Eine gelehrte Vorrede konnte, — und mocht' ich nicht schreiben, wenn ich gleich mit mancher gelehrten Kraftsuppe, und allerliebsten Phrasen hätte auftischen können; mein Schultornister strozt von dergleichen Lekkerbissen. — Ich fürchte das — Risum teneatis, amici — so sehr, daß ich mich mit meinem gelehrten Vorrath lieber kombabusiren laßen wollte, als meinen

Vorerinnerung.

Schnappsak auspakken, um mit dem Sächelchen in introitu zu paradiren. „Der Herr hätte ja dem guten **folgen, und sich ein so hübsches und nettes Vorredchen in forma dissertationis über gelehrte Streitigkeiten, deren es sehr wichtige — und nicht wenige gibt, machen lassen können. — Eine Dedikazion würde auch nicht übel ihr Glück gemacht haben." „Ich danke für die gütige Erinnerung. Das erste ist sehr kitzlich. Wie leicht könnte so ein gelehrter Polyhistor mich anführen, Dinge abhandeln, die am Ende hübsch nicht wahr wären; nun kämen die gelehrten Bullenbeißer, führen über mich armen Teufel her, und — ich — stünde da, wie das Kind beim doppelten K. — Für so was bedanke ich mich gar schön; ich kenne den litterarischen Gast; gelehrte Kazbalgereien lassen meistens, wie Meister Urian, einen unangenehmen

Ge=

Vorerinnerung.

Geruch zurück. — Mit den Dedikazionen ist's auch nichts mehr; die Herren Mäzenaten sind nicht mehr so dumm und dünklich, sich von uns Herren den Beutel fegen zu lassen, und — umsonst — ist mir nicht gemüthlich. Indessen wäre es ganz hübsch, wenn ich mein Büchelchen hinter dem Bollwerke einer Mäzenatenschaft sicher stellen könnte. Ich sinne hin und her, wer die Gevatterschaft auf sich nähme — Mit einem Laien ist mir nicht gedient — Mit einem exspiritualibus käm' ich aus dem Regen in die Traufe — Ist izt ein gar kritisches Zeitalter — damnosa quid non gignit dies! Vor einem halben Jahrhundert hätte ich die heilige Kuria, oder sonst eine Eminenz — oder eine Hochwürden und Gnaden zu Gevatter gebeten, sechs Blätter mit Verdiensten, Einsicht, Geschmack und — Verstand des Herrn Mezänaten

Vorerinnerung.

ten angefüllt, und ich — wäre für meine Mühe belohnt worden; doch aus diesen goldenen Zeiten der Schriftstellerzunft hat uns das verdammte Aufklärungsgeschmeiß herauskritikakelt. O tempora! o mores! muß ich mit vielen Mönchen ausrufen.

Wandre also nur hin, schönes Kind, mit deinem dreifachen Höker, und allen deinen vitiis naturalibus; mache dein Glück so gut du kannst, ohne Patronanz und Mezänatenschaft. Du hast noch mancherley Auswüchse; für das bist du auch eine Erstgeburt, und — die Erstgeburten in physischer Welt sind ja oft privilegirte Auswüchslinge; man wird bei sittlichen Erstgeburten nicht weniger nachsichtlich seyn. — --- Fährt, ungehindert dieses uralten eisernen Privilegiums, ein litterarischer Bruch- oder Auswüchsschneider über dich her: J-
nu!

Vorerinnerung.

nu! so wünsch ich viel Glück zur Kur. Nur bitte ich bei der Operazion etwas behutsam zu seyn, und das Kreatürchen nicht zu schinden, wie ich's leider, schon oft an anderer ehrlichen Leute Kindern gesehen habe. ---

Etwas von der Sache --- Der gute einsichtsvolle Leser wird meine wahre Absicht nicht verkennen; den Jüngling vor einem jugendlichen Laster zu warnen, das der Menschheit und Privatglückseligkeit so sehr schädlich, und die Quelle so vieler unangenehmen Folgen ist, ist mein Wunsch. Wenn gleich mein Held einem Gedichte ähnlet, versichere ich doch, daß der Stoff auf unserer sublunaren Erde nichts weniger, als eine Chimäre ist. Liebe, gute Jünglinge, streift Metaphern, Allegorien, Episoden, und allen Anstrich ab, und spiegelt euch an Twazzens Schicksale. Wahr-

Vorerinnerung.

heit mag nackt, oder im prächtigsten Aufpuzze, oder im hundertfärbigen Gallakleide eines Harlequins auftreten, bleibt doch immer Wahrheit.

Sollte diese Erzählung Jünglinge nur um etwas aufmerksamer auf sich selbst, und ihren männlichen gesellschaftlichen Zustand machen; dann habe ich meine Absicht erreichet --- bin reichlich belohnt. ---

Weh!

Weh! die, troz heil'ger Kuria,
und Kochem, Merzen, Fasten,
Verbreiten ihre Skandala
Und Heilige betasten!
Weh! dreimal weh dem Kezzerschwarm,
Der sich — ach, daß sich Gott erbarm'! —
Roms Herrschaft, Kraft und Gaben
Erfrecht zu untergraben!!!

Es schnaubt der tollen Frevler Wuth:"
„Germaniens Geißel stürze,
„Die wähnt, daß Menschen, — Brüderblut
„Des Opfers Hochgewürze!
„Hört, Fürsten, stürzt dieß Ungeheur,
„Das euch durch List, Bann, Schwerd und Feur
„Von dem gesalbten Haupte
„Dreifache Kron' sich raubte!„

Vom Schnörkel und vom Firlifanz,
Der's Christenthum umbrämet;
Und von dem täuschenden Popanz —
Schweigt, wenn ihr euch noch schämet;
Denn hätt' der Garten keinen Zaun —
Ihr schmunzelt Spötter — aber traun!
Wie würden sich die Knaben
An Pfirschen weidlich laben

Drum,

Drum, freche Spötter, spöttelt nicht
Mit dem Servus Servorum;
Er lehret euch, ihr armen Wicht',
Sonst Sitte und Dekorum.
Kennt ihr des Vaters Hochgewalt,
Und dessen rüst'gen Hinterhalt
Nicht in dem hohen Himmel,
Ihr hochgelahrten L — — l? (a)

Wißt

(a) Wohin, Herr Author? Lümmel ist doch wohl zu bäurisch, grob und plump. Ich will mich eben nicht entschuldigen; doch ist Lümmel nicht so grob als das oft bestiegene Kritikakler Stekkenpferdchen — Schuft, Wicht u. d. g. mit welchen Namen sie jene beehren, die weiter als dieser Beschnarcher Nasenspitze reicht, sehen; oder wohl gar deren gelehrten Puls befühlt, und üble Krisen bemerkt haben. Wicht und Schuft drükt das Gegentheil von der ganzen Masse der innerlichen Güte eines Menschen aus; ist deßhalben weit schimpflicher: hingegen Lümmel bezeichnet nur den Begriff des äußerlichen Grobians. Und solche Grobiane sind doch wohl die Herren, wenn sie so unhöflich über geweihte Kapuzen herfahren? Vor einem halben Jahrhundert wir Lümmel kein Schimpfname; so heißt es in einem Reglement; der Fändrich müße ein rechter Lümmel seyn. —

Wißt ihr das alte Sprüchwort nicht
Mehr : Manus manum lavat?
Er duldt jezt noch euch, bös Gezücht;
Doch gutta Saxum cavat.
Weh euch! ruft er die Heldenschar.
Vom Himmel, weh euch! denn fürwahr!
Die werden euch kartaufen,
Und weidlich wakker zaufen!

Ich kenne der Klienten Wuth
Für ihre Mezänaten.
Drum rath' ich zeitlich — eh die Glut
Euch — Riecht ihr schon den Braten?
Steht ab — steht ab, bekehret euch,
Und stürmet nicht des Vaters Reich;
Sonst wächst — troz eurer Gabe —
Die Hand euch aus dem Grabe. (a)

Ihr

(a) Ist eine Strafdrohung bei Kindern, welche sich an ihren Eltern vergreifen. Sie wird aber auch scherz-
weise

Ihr Spötter, was geht ihr mich an!
Ich kehr' vor meiner Thüre.
Doch wünscht' ich, daß mein Rittersmann
Euch zur Bekehrung führe.
Beherzt die Arg'mentazion;
Noch stäts trug sie die Siegeskron,
Ad minus a majori —
Drum wählt a potiori. —

Ich will, bei meiner armen Seel'!
So was nicht kompariren,

Und

---

weise gebraucht. So hört mancher Jüngling von seiner ältern Matrone, wenn er nach dem Uiberreste Ebens welkender Aepfel lüstert, und das dreifache Halstuch zu verschieben sucht, daß ihm bei so frevelhaften Versuchen die Hand aus dem Grabe wachse. Diese Strafdrohung muß wohl nicht viel Kraft haben; ich habe noch keine Hand aus dem Grabe wachsen sehen, welche den Flor berrückt hat. Die Kirchhöfe mit so viel tausend hervorragenden Händen müßten sehr schrecklich aussehen —

Und durch so eine Parallel
Das Heil'ge profaniren.
Es kömmt in diesem kleinen Buch
Der Zorn, die Rache, und der Fluch
Der Heiligen und Götter
Auf einen bösen Spötter.

Auf einen Spötter — O so was,
Ist recht nach meinem Lüster!
Dieß schwör' ich euch beim Nikolas,
Beim Kantor, und beim Küster.
Des Amors Spötter ist der Mann,
Den führ' ich euch zur Warnung an.
Sein Beispiel mag euch lehren,
Roms Heiligkeit zu ehren. —

Gott Amor ist ein schwaches Kind
Seu einen Knecht der Knechte;
Und er bestraft des Jünglings Sünd,
Weis't Männer gar zurechte.
Wie wird's erst jenen Spöttern geh'n,
Die sich so tollkühn untersteh'n,
Dem Bannstral hohn zu sprechen,
Roms Kraftgewalt zu schwächen!

———

Ich bitte, innigst bitt' ich euch,
Die Folg' zu abstrahiren.
Bestürmet ihr des Vaters Reich,
Könnt ihr die Steiße schmieren!
Beherzt die Arg'mentazion,
Erwägt doch die Konklusion —
Ad minus a majori —
Und — wählt — á potiori.

———

Gut weis ich's, wie's euch wird ergeh'n'
Ihr frost'gen Amorsspötter;
Ihr werdet euch im Wirbel dreh'n,
Wie Schiff' im Sturm und Wetter.
O weh! ein Pfeil! welch Angstgeschrei!
Des Amors Heer schießt euch zu Brei,
Zum warnenden Exempel —
Dieß glaubt mir ohne Stempel.

Zur Warnung merk' sich jeder Christ
Aus Zypripors Legenda,
Wie schwer der Liebe Hässer büßt,
Der schändet die Verenda. —
Bang ist mir um den armen Tropf;
Bang mir um seinen Schopf und Kopf;
Es zittern mir die Glieder
Vor Wehmuth, liebe Brüder.

Den

Den Paris kennt ihr — dieser steht
In der Legenda oben;
Wenn Venus nur das Köpfchen dreht,
Sollt't ihr ihn sehen toben.
Und sein's Gelichter viel; so gar
Sellt Zevs sich zu der Kämpferschar;
Die Cicisbejen alle
Sprüh'n wüthend Zorn und Galle.

———

Ein Wink von Venus — Knall und Fall
Steht's Heer zum Aufbruch fertig,
Hört es noch Amors Trommelschall,
Zieht's fort — des Siegs gewärtig:
Und dann — Klappklipp! löst sich der Pfeil,
Klappklipp! Klippklapp! folgt Pfeil auf Pfeil —
Mit widerhäk'gen Spitzen
Bleibt jeder Pfeil auch sizzen:

Der Schaft, merkt's wol, ist Hirschgeweih —
Und der — bleibt außen stekken. —
Man sieht an diesem Kontrefei
Des Amorsspötters Flecken.
Gar oft kömmt Hymens Staar dazu;
Spielt mit Aktäon Blindekuh,
Und spottet noch des Armen —
Für ihn ist kein Erbarmen.

Zur ungeheuren Legion
Des Amors rüst'gen Streiter
Gesellt sich mancher Erdensohn,
Und kämpft, troz einem Reiter.
Die alliirte Trupp wird groß; —
Den fert'gen, tapfern Mönchetroz —
Wer den will überminnen,
Der ist gewiß von Sinnen.

Nun,

Nun, Hagestolz, lern' die Gefahr,
Die deiner Scheitel drohet.
Kömmt einst des Amors Kämpferschar,
Das Feuer dich umlohet:
So ist es, glaub mir, mit dir aus;
Dann überdekt dich Nacht und Graus —
So viel zum Vorberichte,
Und nun zur Traurgeschichte.

Erstes Buch.

Inhalt
des
ersten Buches.

Twaz, der Held dieser Geschichte, wohnt in einer Stadt — der Author fürchtet sich, sie mit Namen zu nennen. — Die verteufelten litterarischen Fehden machen ihm bang. Beispiele rechtfertigen seine

Be=

Inhalt

Beſorgniß — Twaz — geſund und ſtark, ſein ganzer Bau empfiehlt ſich den Schönen — wird verliebt, fühlt einen Drang nach ſo etwas außer ſich — Gott Momus verrückt ihms Gehirnchen — weiß ſich nicht zu rathen — Reiſet — wird mit den Pfaffen des Gott Momus bekannt. — Einige Pinſelſtriche zum Gemälde dieſer in Spiritualibus — Denkungsart. —

Twaz wird mit einem jungen Bonzen bekannt. — Twaz klagt dieſem ſeine Noth — das Bönzchen wird gerührt — Benimmt Twazzen ſein Vorurtheil — ſchwazt aus der Schule — Entdekt einige Kniffe — Etwas zur Biographie des Lama — Beklagt ſich, daß ſie das Volk unterrichten ſollen; da ſie nach den Geſezzen des Lama keine Menſchen mehr

ſind

Inhalt

sind — nicht sein dürfen. — Das Resultat ihres Unterrichts — Schach Bahams Absicht ist gut. — Sie, wie sie sind, können der weisen Absicht nicht entsprechen. — Dem guten Bonzen liegt das — Wachset und mehret euch — auf dem Herze — Wie Lama mit den Mandarinen in puncto puncti gesinnt ist. — Nur kein Skandalum. — Wie sich die Vorsteher, und die mit am Brete sizzen, helfen. — Sie gehen aus — sezzen schönen Weiberchen die heiligen Wundermüzzen auf — Wirkung dieser Müzzen. — Er spricht dem Noviziat ein Anathema. — Mit was sie sich im Noviziat behelfen müßen. — Er demonstrirt's Twazzen ad captum — Twaz ist froh; weil's kein Geld kostet. — Küßt seinem Lehrer die Hand — verredet sich, je Amorn noch Hymen zu fröhnen. — Gott
Amor

Inhalt

Amor hört Twazzens Entschluß — bringt seiner Mutter Rapport, welche ihn auslacht. — Im Olymp war bei allen Göttinen Feuer im Dache. — Sie treten in Komplott — Kniffchen der Göttinnen — die sublunaren Männer lieben was Rechtens — Momus wird legaliter verklagt — Die Nothdurft gehandelt. — Gott Momus wird kondemnirt, — compensatis Expensis soll Momus Twazzen zur Liebe bereden, und im Weigerungsfalle bekriegen — Gott Mom geht diesem hohen Sentenz zu Folge vom Olympus ab. — Merkur begleitet ihn — Zevs giebt von Sporteln einen Schmaus, wobei alles lustig und guter Dinge — Gott Mom wird urtheilbrüchig — gesellt sich zu Twazzen. — Der Pedell Merkur macht Zevsen die Anzeige. — Auf Zevs Befehl bewaffnet sich der ganze Olymp.

— Die

Inhalt

— Die Rüstung — Die Parisse und die Helenen schließen sich an das Götterheer. — Amor ist Fähndrich — Marsch — Revüe — Schlacht — Eine Episode von Sr. Excellence dem Herrn Feldmarschall Anton von Padua — Eine — und doch keine Parallel — Momus und Twaz wehren sich — müßen weichen — Pluto, Momus Vetter kommt ihnen zum Sukkurs — Neuer Angriff — Kriegslist der Götter — Sturm — wieder eine List der Götter — Alle Göttinnen und Helenen beginnen den Sturm in Naturalibus — Juno und Zythere führen den Zug — Etwas für unsre Stutzer — Frau Juno überrascht Plutonen — Frau Zythere den Momus, und Helene Twazzen — Zytherens Zauberring. — Aehnliches Schikfal mit Tantalus. — Die Gefangenen

Inhalt

genen bitten vergebens. — Pluto und Momus werden geschlossen zur Hölle geschickt — John Twaz kömmt mit einem blauen Auge weg. — Der Zauberring ist Strafe genug — Schlafend und wachend läßt dieser ihm keine Ruh. —

* * *

Jn einer Stadt — Behüt' mich Gott,
Daß ich die Stadt euch nennte!
Im würgenden Husarentrott
Der Kridler mich umrennte.
Wie's jüngst in B * * Herrn Friedel gieng —
Schnaps! haschte man das kleine Ding,
Beschnarcht's, und schrie nicht wenig „
Das Bild iß unser König!„

Mäü

Man zauste ihn, und lehrte auch
Per longum & per latum;
Gelehrt — nach Rezensenten Brauch —
Quod pictum sit ca — tum.
Wie dauert mich des armen Wichts,
Daß er um Nichts, und wieder Nichts
Bekam gar oben drüber
Die Kolik und das Fieber!

———

Vor solcher Dosis hüt' ich mich;
Sie brächt' mich zum Vomiren,
Und müßte wohl gottsjämmerlich
Am Ende gar krepiren.
O nein! ich bin schon alt genug;
Werd' gern durch Fremder Schaden klug:
Leicht könnt' ich mir beim Nennen
Die Fingerchen verbrennen.

———

Ich weis noch gut, wie's Olim gieng,
Und noch geht mit Satyren.
Ein jeder weis sogleich das Ding
Zu personifiziren.
Die — ist gleich Jungfer Leutnantinn —
Der — Junker — die — Frau Pastorinn —
Die Donau, Spree und Sale
Findt schnell Originale.

Genug, ist eine schöne Stadt,
Hat Thürme und auch Knöpfe;
Der strenge und wohlweise Rath
Herrscht über Gut und Köpfe.
Wo liegt die Stadt? Dieß sag' ich nicht —
Doch so viel dien' euch zum Bericht —
Sie liegt an einem Meere,
Dem Gott Merkur zur Ehre.

John

John Twaz lebt' einst in dieser Stadt;
Hatt' starke, derbe Glieder;
Und feste Lenden, Brust und Wad',
Wie Herkules, und drüber. —
Oft fühlt' er sel'gen Amors Trieb;
Im Innern loderte die Lieb:
Doch konnt' er ob den Schäzzen
Den Wonnetrieb nicht lezzen.

———

John rechnet hin, und rechnet her —
Er krazt sich hintern Nakken,
Stäts kam ihm **Momus** (a) in die Quer,
Und wußt' ihn recht zu pakken.
Mom lehrt ihn Vortheil und Gewinn;
Den immer gierigfrohen Sinn,
Den er dem Herz gewähret,
Das ihn als Gott verehret.

Der

(a) Momus ein Sohn der Nacht und des Schlafs, oder der Trägheit, wie man will. — Die Eigenschaften dieses Gottes siehe Seite 33 (a).

Der immer gierigfrohe Sinn,
Den ihn Gott Mom gelehret:
Der sichre Vortheil und Gewinn,
Der ihn beim Handel nähret,
Erfreute manchmal Johnens Herz;
Doch öfters kam ein Drang, ein Schmerz,
Und ein gewaltigs Dehnen
In alle seine Sehnen.

———

Besonders wenn ein Mädchen ihn
Ein wenig nur berührte:
So zückt' und glüht' er, daß es schien,
Ob er's Elektrum spührte.
Doch stäts hielt ihn das Geld zurück,
Das sicher ihn zu seinem Glück
Geführet; und ich wette,
Daß er's erreichet hätte.

John seufzet manche lange Nacht
Nach Kühlung seiner Schmerzen;
Kein Mittel ist noch ausgedacht,
Das Lindrung gäb' dem Herzen.
Nun reiset er ins ferne Land;
Weit, weit — zum goldnen Momusstrand,
Und dieses Gottes (a) Pfaffen,
Die — wußten Rath zu schaffen.

Denn

(a) Momus hatte zur Mutter die Nacht, und zum Vater den Schlaf, oder die Trägheit. Er war ein Müßiggänger; befridelte alle Werke der übrigen Götter, und wollte alles besser wissen; er war ein Sonderling, und gieng von der gewöhnlichen Lebensart der Götter ab; hezte die Götter gegen einander, und Menschen gegen die Götter auf — So suchte er auch der Venus durch unsern Ritter John Twazzen einen Possen zu spielen. — Momus siftete in Arabien die ersten Pfaffen, denen er Instituzionen nach seinem Karakter, den Göttern und Menschen zum Trozze vorschrieb, die sie auch als würdige Söhne, und Diener in allen eifrigst befolgen, bis auf den heutigen Tag. —

Denn diese Sekt war sehr gescheid
Mit dem Probabilismus,
Und demonstrirte lang und breit,
Troz dem Jesuitismus. —
Die schöne Arg'mentazion
War eingekleidet so im Ton
Des Barbara — Sophismen,
Gar herz'ger Syllogismen.

———

Vom Uibelchen und Uibel ward
Weitläufig dissertiret,
Und zur Bekräftigung der Bart
Des Lama's herzitiret.
Der Schluß — „Aus zweyen Uibeln ist,
(Dieß merk sich jeder fromme Christ)
Das minus eligendum,
Das majus fugiendum."

Væ mundo, heißt's, a Scandalis!
Drob geht die Welt zu Grunde.
Wir hüten uns in Sandalis
Vor diesem Höllenhunde.
Dort Sodom macht' es allzu bunt;
Es stünde noch bis diese Stund,
Wenn's Volk nur auf den Gassen
Vergessen hätt' zu spassen.„

───────

So sprachen sie in gremio.
Wohl noch von andern Dingen,
Die sie in Quart und Folio
Uns selbst zu Markte bringen.
Doch — Lukas schreibt nicht was geschah
Sub rosa et in camera
Beatæ charitatis
Et consororitatis. —

Ein junger, feur'ger Bonze sah
Starr Johnen ins Gesichte;
Entdeckte, troz Lavatern, da
Harmonische Geschichte.
Sein Herz schlug unserm deutschen Mann
Entgegen; beide fiengen dann
Von mannichfalt'gen Schosen
Vertraulich an zu kosen,

―――――

John seufzte: „Frommer, trauter Mann,
Was fühlt mein Herz für Sehnen;
Sey du mein Freund, und mein Kampan,
Schaff Mittel für mein Stöhnen.
Fühl her, wie's Herz so ängstlich schlägt;
Wie sich der Puls so feurig regt!
Es wäre ja kein Wunder,
Ich brennte gar zu Zunder!"

„Du trinkst und issest wohlgemuth,
Bist frey von allen Leiden;
Dir, Freund, gehorcht des Fleisches Wuth —
Wie bist du zu beneiden!
Im Fleisch ein heil'ger Engel du —
Hast vor der Welt, Fleisch, Teufel Ruh —
O könnt' ich die Popanzen
Auch so, wie du, kuranzen!

———

„Hilf, hilf mir, lieber, trauter Mann,
Vom Fleisch, von Welt, vom Teufel;
Sag nur die heil'gen Mittel an;
Sie helfen ohne Zweifel. —
Ich kreuz'ge, segn' und geißle mich —
Sprich nur — dann sollen mich wie dich
Die rauhsten Dornenhekken,
Als Heilungsweg, nicht schrekken!„

Gerühret war der Bonzenmann
Durch Johnens traute Klagen.
Er zukt die Achseln — blikt ihn an,
Und — traut sich nichts zu sagen.
Er sah sich dreymal furchtsam um —
Brach endlich das Silenzium,
Um von dem Odiosen
John Twazzen vorzukosen.

———

„Wie geht's, sprach er, uns Schlukkern doch
In unsern öden Klausen!
Wie schwer drükt uns der Keuschheitsjoch!
Wie einsam ist's zu hausen!
Wir bleiben Mensch, so gut wie du,
Und spielen, Freund, nur Blindekuh —
Das mag uns Gott verzeihen —
Mit euch, ihr armen Laien —."

———

„Wenn

„Wenn unser Vater Lama will
Mit seinen Mandarinen:
So ist's genug; wir müßen still,
Folgsam, als Söhn' ihm dienen.
Es hilft kein Winseln, Klagen, Schrein
Nur zu Tartüff- und Mummerei'n
Muß jeder sich bequemen
Und sein Asylum nehmen. — „

„Wohl wahr: olim 'non erat sic!
Doch was hilft's Raisonniren;
Gehorsam fesselt das Genik
Und unser Kritisiren.
Gott Lama sah das Kniffchen ein;
Durch heilige Tartüfferei'n
Konnt' er, als Gott der Erden
Nur einzig mächtig werden. — „

„Doch,

„Doch, Freund, dieß im Vertraun gesagt;
Du kennst nicht unsre Kniffe.
Manch Nönnchen und manch junge Magd
Erfährt wohl unsre Pfiffe.)
Schweig, schweig, wenn's unser Muphtiphan
Erführ', ein eingetackter Mann:
Ich müßt' bei meiner Seele!
Hinab zur Todtenhöle. (a)"

„Wir sollen nach Schach Bahams Schluß
Das Volk durch Beispiel lehren.
Wir lehren freilich; doch ein Muß
Zwingt uns es zu bethören.
Der Menschheit, Freund, entsagen wir,
Und sollen doch die Menschen hihr —
Ist es wohl zu erhören! —
Nach dem Gesezze lehren!,

„Des

(a) So was pflegt auch in christlichen Klöstern zu geschehen, confer: historia capucin: hodierna.

„Des Bahams Absicht ist zwar gut;
Wenn wir nur Menschen wären!
Der gute Fürst muß eh die Brut
Des Bonzengifts zerstören.
Denn Hokus pokus, anders nicht
Ist unser Bürgerunterricht;
Wir müssen uns verstellen,
Von Tugend weidlich bellen."

„Du weist, das — Wachst und mehret euch
Ist Trieb für alle Stände;
Und keiner — er sey arm, sey reich,
Der nicht den Trieb empfände!
Doch ist der heil'ge Zölibat
Vom weisen Mandarinenrath
Zum Frommen (a) festgesezzet,
Und weh, der ihn verlezzet!„
„Ver=

(a) Besonders für die Diener des Altars, die die
Keuschheit und das — Wachst und mehret euch —
zu vereinigen und immer zu benuzzen wußten.

„Versteh mich recht — heißt öffentlich;
Heimlich ist Lama Vater.
Für solche Fälle bürgt er sich;
Ist mächt'ger Schuz und Rather
Vermeidet man das Skandalum,
Dann hält das Konsistorium
Das Faktum für geringer,
Und — sieht uns durch die Finger."

„Dächt' Lama nicht so väterlich,
Wer Teufel wollt' bestehen!
Und welcher Narr entschlösse sich
Die Augen zu verdrehen!
Er weis, daß uns, wie ihm, so gut
Der Liebe sel'ges Tändeln thut;
Doch wissen wir den Laien
Die Liebe zu verschreien.

„Der Prokurator, Muphtiphan,
Und des Gelichters viele
Schrei'n laut: der Rath hat wohl gethan;
Wer's fühlen kann, der fühle! — (a)
Die lieben Herr'n gehn täglich aus,
Und jeder — wählet sich ein Haus,
Um dort durch heil'ge Müzzen (b)
Den Weiberchen zu nüzzen.„

„Allein

(a) Qui poteſt capere, capiat!
(b) Die Herren Ex — — — haben auch mit der Müzze des heiligen Franziskus statliche — Wunder gewirkt; unfruchtbare Weiber, wenn sie auch alte, oder sonst unfähige Männer hatten, sind straks schwanger geworden, so bald ihnen die Wundermüzze des heiligen Franziskus aufgesezt ward. Andere, an diese Wundermüzze angerührt, wurden auch wunderthätig. — Mich wundert's sehr, daß die Hebammenzunft diesen großen für die Bevölkerung so verdienstvollen Mann nicht zu ihren besondern Schuzheiligen auserkohren hat. Die Zunft würde sich dabei nicht übel befinden. — —

„Allein in dem Noviziat —
Und — wenn kein Geld im Beutel —
Anathema dem heil'gen Rath,
Und — Lama's heil'ger Scheitel!
So folgt man — Diogen nennt's — gut —
Dem, was Probabilismus thut — —
Die Noth hat kein Gesezze —
So lehren die Sanchezze."

Das Diktum demonstrirte er
Dem Schüler auf der Zelle.
Das Dogma war auch nicht so schwer;
John faßt' es auf der Stelle.
Wahrhaftig die probable Kunst
Macht oft uns Laien einen Dunst —
Daß sie nach Keuschheitszeichen
Den Aloysen gleichen.

John,

John, unser geiz'ger Momusknecht,
Bei seinem Kalkuliren,
Fand dieses Mittel gut und recht;
Er durfte nichts verlieren.
Nähm' er zu seinem Zeitvertreib
Ein art'ges, liebes, holdes Weib:
So würden Ehstandsgaben
Bei ihm kein Ende haben.

Und über dieß, so wußt' er schon
Die Kraft der heil'gen Müzzen;
Leicht bringen die ihm einen Sohn,
Weil sie so kräftig nüzzen.
Bei einem Sohne bleibt's wol nicht;
Die Müzzen haben viel Gewicht —
Was hält' ihm nun sein Spahren
Und ängstlich's Geldbewahren!

John, nun in seinem Herze froh,
Dankt tief für's Mönches Lehren;
Beschließt in dulci jubilo
Noch Magd, noch Weib zu nähren;
Küßt seines weisen Lehrers Hand;
Kehrt wieder in sein Vaterland;
Spricht Hohn den Amoretten,
Und sel'gen Hymens Ketten.

———

Geh John! Dein Schluß bringt dir Gefahr,
Und — warlich! wenig Ehre.
Ich wett', man sticht dir noch den Staar,
Troz deiner Gegenwehre!
Sprich, welche Gottheit schüzzet dich?
„Gott Momus,, Momus hat für sich
Die Hände voll zu sorgen;
Er selbst ist nicht geborgen.

Gott Amor hörte Johnens Schluß;
Ein Gott voll List und Ränke;
Ein kleiner Schütz — doch jeder Schuß
Trift sicher, Troz der Schwänke.
Gelassen sah der kleine Mann
Johns unnatürlichs Wesen an;
Hoft John wird **Liebe** hören,
Und sich zu ihr — bekehren.

Langmüthig harrt er jahrelang;
Allein er harrt vergebens..
John bleibet fest bei seinem Hang,
Und lebt des — Bonzenlebens —
Gott Amor fliegt nun von dem Port;
Eilt schnell zu seiner Mutter fort,
Um von den Wunderdingen
Ihr den Rapport zu bringen.

Bevorab er das Kläglibell
Der rechtlichen Beschwerde,
Verschanzt mit Klausel und Kautel,
Ertheilet der Behörde:
Ras't er, als brennte ihm der Kopf,
Mit wilder Min', verzaustern Schopf —
Kaum einer, der von Sinnen,
Kann solchen Spuk beginnen.

Er weinte, schäumt' und krümmte sich,
Warf wüthend weg den Bogen,
Dann kam, zu sehen fürchterlich,
Pfeil, Köcher nachgeflogen.
Er tobte durch die Götterstadt —
Schrie, Rache! Rache! Götterrath —
Um durch dieß Angstbeginnen
Die Richter zu Gewinnen.

Nun trabt er erst zur Zypria,
Zu seiner schönen Mutter,
Und seufzt: „Ein Erdensohn Mama,
Hält mich für Liliputer;
Will, wenn auch alles Ihnen fröhnt,
Und Sie, als Lebenswürze krönt,
Ihr Majestätsrecht höhnen,
Und — nie ein Schärflein fröhnen.

Frau Venus lächelte dazu,
So ernst auch Amors Klage.
„Sey unbekümmert, Söhnchen du —
Ich leb' schon viele Tage;
Hab mehr dergleichen Herr'n geseh'n,
Die meiner Macht zu widersteh'n
In heil'ge Zellen schloffen —
Und — hab sie da — getroffen.„

„Du

„Du weißt Zevs gab das Regiment
Mir über Herz und Nieren.
Schon viel, die meiner Macht geschändt
Hab ich verdammt zu Stieren.
Mein liebes Söhnchen, so ein Vieh
Empfindt die Seligkeiten nie,
Die dem mein Kelch gewähret,
Der sittsam mich verehret!„

———

Mama, Sie lächeln; lächeln wie
Sie woll'n auf Ihre Siege!
Wie wär's, wenn Ihrem Zauberknie
Ein Gott ein Schnippchen schlüge!
„Ein Gott! ein Gott! ein Schnippchen mir?
Hihi! zwei Schnippchen ihm dafür!
Wir Weiber haben Sachen,
Die Männer kirre machen!„

Mama, ich bitte um Permiß,
Gewiß nicht alle Männer —
Jung mancher wol zum goldnen Vließ
War kein geringer Renner: —
Allein die Zeiten ändern sich —
Das Blut in Adern, fürchte ich,
Schleicht nur — Ich weiß, wie Nelken
So leicht beim Nordwind welken —

Oft ist selbst unsre Götterschar
Ein größrer Freund vom Schmausen —
Verrükken Sie von Brust und Haar
Den Flor mit hundert Flausen —
Umsonst! sie trinken ihren Wein,
Und lassen Venus, Venus seyn;
Und thun gewaltig dikke
In ihrer Staatsperükke. —

Gott Mom ist Ihnen doch bekannt?
Sie suchten ihn zu trillen;
Sie boten ihm die sammtne Hand —
War er wohl je zu Willen?
Sie sandten selbst mich sechsmal ab —
Ich gieng — versucht' es — aber schnapp!
(Ich ärgre mich noch drüber)
Hatt' ich sechs Nasenstüber.

———

Bedenken Sie, die Sache ist
Weit ernster, als sie wähnen.
Gott Momus, Ihr Anthagonist
Sucht stäts Ihr Reich zu höhnen.
Und er, den nur der Zwist entzükt,
Hat Johnen das Gehirn verrükt;
John steht in seinem Schuzze
All unsrer Macht zum Truzze.

———

Mama!

Mama! warum so plötzlich stumm?
„Mein Sohn, ich sinn' auf Ränke!
Gott Momus, wenn er gleich nicht dumm,
Fällt sicher, wie ich denke.
Du weißt ja wohl, daß Weiberlist
Weit über die der Männer ist;
Und in so krit'schen Fällen
Muß man die Herren prellen."

„Ich habe einen Zauberring
Und der wirkt Wunderdinge;
Mit diesem art'gen kleinen Ding
Den stärksten Held bezwinge.
Noch keiner, keiner auf der Welt
War, den nicht dieser Ring gefällt!
Er kann den Kopf verwirren,
Und wilde Männer kirren."

Beschlossen war's. Und durch Bemüh'n
Sucht sie straks die Göttinnen
Mit List in das Komplot zu zieh'n,
Und für sich zu gewinnen.
Frau Pallas fertigt auf der Stell
Als Advokat das Klaglibell,
Um so durch Weiberschürzen
Den bösen Mom zu stürzen.

Frau Juno, eh sie offenbart
Herrn Zevs das Punktum litis,
Streicht sanft dem alten Mann'am Bart;
Gleich ward er kirr et mitis.
Das küzzelte dem guten Mann —
Er fieng nach Amors Regel an;
Wie sie beisammen saßen,
Zu schäkern und zu spaßen.

Sie nahm das Tempo wol in Acht,
Und spreizte sich gar spröde —
Seufzt: „Was ihr uns für Kummer macht!
Ihr Männer! „Weibchen, rede!
Nun bringt sie gen den bösen Mann,
Den Momus, die Beschwerde an. — —
Bei Juno's schwarzen Haaren
Schwur Zevs — Mom soll's erfahren!

Nach Frau Junonen klugen Brauch,
Beim Spiel der holden Minnen,
Wußt' jede Frau vom Manne auch
Das Votum zu gewinnen.
Nicht so im sublunaren Rath;
Da wird das heil'ge Referat,
Trotz jungen, holden Lieben,
Was Rechtens hingeschrieben.

Die Sach' ward nun dem Götterrath
In forma proponiret;
Beklagter Mom vor dem Senat
Legaliter zitiret.
Gott Mom erschien, und Klingklingbling!
Herein! Nun ward ihm gleich das Ding
Von Klage vorgelesen
Nach Stand' und Würd' und Wesen.

Nun antwort't Momus förmlich drauf,
Das ward protokolliret,
Beklagtens Antwort nach dem Lauf
Punktatim repliziret.
Aus Momus Dupplik sah man klar
Der Klägerinnen Grund sey wahr.
Nun gieng es zum Votiren,
Und dann zum Dezidiren.

Gott

Gott Mom ward unanimiter
Nach Rechten kondemniret;
Expensen auch formaliter
Ex æquo kompensiret.
Doch zu der Satisfakzion
Soll Mom den bösen Erdensohn
Zur Liebe selbst bereden,
Im Weigrungsfall — befehden.

Gott Mom fuhr vom Olympus ab;
Merkur gab ihm's Geleite.
Von Sporteln Zevs ein Schmausen gab,
Darob sich alles freute.
Der Streit war nach der Götter Sinn
Nun beigelegt, und alles schien
Den wonnetrunknen Leuten
Nichts weiter zu bedeuten.

Gott

Gott Momus kam nun in die Stadt,
Wo John vergnüglich hauste.
Jedoch Beklagter Mom, anstatt
Er Johnen recht zerzauste,
Ertheilt er ihm standhaften Rath;
Und troz des Urtheils vom Senat —
Will er durch seinen Degen
Das Urtheil widerlegen.

———

Merkur verläßt straks diesen Ort;
Bringt Zevsen die Geschichte;
Zevs schreit: Zum Waffen Fort! fort! fort!
Befehdet dieß Gezüchte!
Nun gieng es flugs ins Arsenal,
Man waffnet sich mit Bliz und Stahl;
Mit Köcher, Pfeil und Bogen
Kam man daher gezogen.

Ein kleiner Fuß, ein rundes Knie,
Gelöster Gürtel — Busen —
Und noch so was — Minerva nie
Entschleirt sich so den Musen,
Dieß und dergleichen Dinge mehr
War der Göttinnen Mordgewehr —
Ja, ja! mit solchen Dingen
Sind Männer leicht zu zwingen!

„Pfui Teufel! nakt — ganz — alles bloß!
Ist wider Scham und Sitte!
Das thut ja warlich kein Matros,
Kein wilder, bärt'ger Skythe!„
Zürnt nicht, ihr scheuen Kinderchen,
Gesund, voll Reiz war alles — schön —
Es trugen die Franzosen
Noch ungeflikte Hosen. —

Zu dieser fürchterlichen Schar
Gesell'n sich die Helenen,
Voll Reiz, mit Band umwundnem Haar
Der Zypria zu fröhnen.
Und die Parißse schließen sich
An die Helenen ritterlich —
Nun zieht die Karavane
Fort unter Amorsfahne. —

―――――

Der Aether tönt vor Kling und Klang
Des Waldhorns und Trompeten.
Mars kündet seinen Kriegsgesang
Durch steigende Raketen.
Pafpif! Pafpuf! das Echo ruft.
Pafpif! Pafpuf! ertönt die Luft
Das Donnern der Kardaunen
War erst recht zum Erstaunen.

―――――

Nun waren sie an Ort und Stell,
Und das Revüe vorüber.
Da kündt ein wirbelnder Revell
Den Streit an — Nun tönt's, Lieber,
Klappflip! Klappflupp! Pifpaf! Pifpuf!
Klarrklirr! Klarrklurr! Klafflif! Klaffluf!
Es kamen Pfeil', wie Wogen,
Zu tausenden geflogen.

———

Als einst Feldmarschall Anton sich
Allein, ohn' Kriegesscharen,
Nur seh'n ließ, hielt der Feind nicht Stich;
Floh drohenden Gefahren.
Die Mauren nahmen Sak und Pak,
Bunt über Ek — und Hukkepak!
Gieng's fort, ohn' umzusehen,
Dem Tode zu entgehen. (a)

Doch

(a) Ist keine Fabel. — So steht's in der Legende
dieses Wunderheiligen; an deren Wahrheit kein or-
thodoxer Christ zweifeln wird — noch darf; zu was
sonst

Doch John flieht nicht; hält Widerstand
Mit Momus, dem Gefährten:
Sträubt sich, parirt mit Künstlerhand
Pfeil, Stahl und Bliz zur Erden —
Wie ein französischer Athlet,
Der aus dem 3. die Kunst versteht,
Durch Polte mit dem Degen
Parirt im Guß dem Regen.

Lang stritt man hin, lang stritt man her;
Der Streit wollt' sich nicht legen,
Doch fehlte fast kein Härchen mehr,
So strekte John den Degen.
Auf einmal kam im Wind, und Sturm,
Schwarz, wie ein fürchterlicher Thurm,
In einem Donnerwetter,
Herr Pluto, Momus Vetter.

Wo

sonst das — cum licentia, permissu, approbatione Superiorum? Für diese Wolthat zahlt ihm Venedig jährlich den Gehalt eines Gener. F. Marschals — auri sacra fames!

Wo führt jetzt den der Teufel her!
Der Feind ist fast besieget!
Ich selber möchte wissen, wer
Ihm's Ding zu wissen füget!
Was wunder' ich mich! Da jedes Ding,
Wär's auch der kleinste Pfifferling
Die Herr'n zu Rom erfahren
Durch ihre — Janitscharen

＊

So hat's gewiß ein Bonze auch
Dem Höllengott berichtet,
Wie Zevs sein Reich in Dampf und Rauch
Zerstöhret und zernichtet.
Johns Bonzenlaster war der Höll
Stäts das einträglichste Gefäll —
Ohn' Geiz (a) und Onaniten.
Wüßt' ich nicht, was sie brieten!

Vom

(a) Geiz, im weitesten Sinne des Worts, mit allen seinen Vettern und Muhmen, Habsucht, Neid, Eigennutz, Scheelsucht ꝛc.

Vom Neuen nun begann die Schlacht
Mit Muth und Zorn und Grimmen —
Zevs zog zurük — ließ Höllenmacht
Sich schwächen und verglimmen.
Die Hölle freute sich des Siegs,
Und des so leicht geendten Kriegs —
Es spotteten die Sieger
Der flücht'gen Amors Krieger.

Die Götterschar, voll Muth und List,
Beschloß den Sturm zu wagen,
Der öfters noch ein Mittel ist,
Den Sieg davon zu tragen.
Und im kunstlosesten Ornat,
Beschloß der hohe Kriegesrath,
Soll'n reizende Göttinnen
Den ersten Lauf beginnen

Frau Juno mit dem Rabenhaar,
Die list'ge Frau Zythere,
Die führten der Göttinnen Schar
Ohn' Köcher, Pfeil und Speere.
Drauf folgten dann gar ordentlich
In Zug für Zug, gar sittsamlich,
Die mitleids vollen Schönen
Und zaubernden Helenen.

Ja! solchen Zug, den wünsch' ich mir
Zu seh'n, denkt sich der Stuzzer —
Zu Zevsens Sportelnmahl geht schier
Noch lieber der Schmaruzzer.
Den Stecher raus! jezt kömmt der Zug —
Beäugelt Knie, Wad' — jeden Bug —
Doch wisset, Stuzzerseelen,
Daß — Stecher nicht empfehlen. (a)

Der

(a) Ein Jüngling mit muntern Augen verspricht und gefällt den Schönen mehr, als ein Aug, das der Brille bedarf. —

Der Sturm begann des Morgensfrüh;
Der Feind lag noch im Bette;
Der in so früher Stunde nie
So was — vermuthet hätte.
Frau Juno pakt den Pluto an,
Zur Zeit, wo dieser böse Mann —
Doch was ist viel zu sprechen —
Die Männer haben Schwächen.

———————

Wer, sprecht, wer kann den Liebesreiz
Von ungehofften Schönen —
Sprecht, Männer, jung, alt, allerseits,
Sprecht, wer kann den verhöhnen?
Giebt's nicht bei uns oft Männerchen,
Die ihre schönen Weiberchen,
Betäubt in Liebesrauschen
Gar mit Medusen tauschen! (a)

Frau

―――――――――
(a) Diese Art Männer hat wohl die böse Venus in
 Stiere — metamorphosirt!

Frau Venus hält den Momus fest —
John Twazzen packt Helene.
Der Schönen Gürtel war gelöst;
Wirkt heftiges Gedehne;
Doch durch den schönen Zauberring
Geschah nun gleich ein Wunderding;
Der Feind konnt' sich vor Beben
Nicht von der Stell begeben.

Der Feind war, wie einst Tantalus,
Verdammt zu harten Leiden,
Der Früchte sehn, und hungern muß,
Obgleich sich Augen weiden.
Er bittet, flehet den Senat
Der Götter, um die hohe Gnad,
Sie alle von dem Bösen
Des Zauberwerks zu lösen.

* — *

Umsonst, rief Venus, er muß hier
Für seinen Frevel büßen!
Der Götterrath, der folgte ihr —
Ließ Mom und Pluto schließen.
Marsch! Beide fort zur Unterwelt,
Wo Zerberus die Wache hält!
Dort könnt ihr euch empören,
Lieb', Fried' und Eintracht stöhren!

———

John Twazzen ließ man friedlich ziehn;
Er hatte seine Strafe.
Des Ringes Kraft verfolgte ihn
Im Wachen und im Schlafe,
Er sah nun tausend Bilderchen,
Die er vorhin noch nie gesehn;
Er fühlt in allen Sehnen
Nun einen Drang nach Schönen. —

———

Die Wirkung von dem Zauberring
Mit wundervoll'n Geschichten,
Und wie es Johnen weiter gieng,
Wird's zweite Buch berichten.
Bang ist mir um den armen Tropf!
Bang mir um seinen Schopf und Kopf.
Mir ahnden Wunderdinge
Von diesem Zauberringe.

Zweites Buch.

Inhalt
des
zweiten Buches.

Das Götterheer zieht nach dem Olympus zurück — Hält ein Siegesmahl — Zythere erhält Erlaubniß mit der heil. Helene wieder auf die Erde zu gehen — Weibliche Zubereitungen — Sie geht ab — Kehrt in der bekannten Stadt in dem Gasthofe zu den drei Kronen ein — die schönen Reisenden machen sich kommod — Die Stuzzer sind vom nämlichen Schlage, wie in allen großen Städ-

Inhalt

Städten, laufen nach — Versammeln sich bei den Drei Kronen — Helene zeigt sich rükwärts — Ein allgemeines Ach! Iwaz schläft und träumt von einem schönen Mädchen bis zwölf Uhr Mittag — Ein süßes Herrchen erzählt Iwazzen die Ankunft der Schönen — Iwaz springt aus dem Bett', kleidet sich an, rennt zu den drei Kronen. — jedes Herrchen und Gekchen studiert auf eine Liebserklärung, und auf Mittel die Schönen zu kapern — Es entsteht ein Gedränge; jeder will an der Front stehen. —, Iwaz, als Kaufmann bedient sich eines Kniffchens — geht grade zu den Schönen — bietet ihnen Waaren an — Iwaz wird betäubt — Aßoziazion der Ideen — Sonderbare Katastrophe — Iwaz rafft sich auf, empfiehlt sich — Studiert der Vater Naso — Den süßen Herrchen vergeht der Muth — fürchten sich vor Nasenstübern — John Iwaz schreibt einen Liebesbrief — Zythere fährt nach dem Olymp, läßt Helenen zurük. Eine schöne,

Inhalt

ne, und (wohl verſtanden) reiche Wittwe Gertraud miſcht ſich in die Geſchichte — Sie gleicht Zytheren — Will aus Treu gegen den ſel'gen Mann nicht heurathen — Der Author glaubts — Anmerkungen böſer Leute, warum manche Schöne heurathen und — nicht heurathen — Helene tritt als Kammerjungfer bei dieſer Wittwe in Dienſt — Karakterzug dieſer Wittwe — Ein Kniffchen der Kammerjungfern — Helene wird vertraut, plaudert mit ihrer Frau von mancherlei Dingen — Der arme Twaz wartet indeſſen noch immer auf eine Antwort — Twazzens Zuſtand — Entſchließt ſich zu den drei Kronen zu gehen — Trifft die fremden Schönen nicht mehr an — Er wird ſchwermüthig — wird ſich vielleicht erſchießen — Amor erheitert ihn durch einen Traum. — Schwermuth kömmt wieder — Twaz geht ſpaziren — Gertraud und Helene auch. — Sie kommen zuſammen. — Twaz ſteht wie verſteinert — Erkennt die Schönen — ihm

fällt

Inhalt

fällt keine Sentenz ein — Fängt an zu stammeln — Frau Gertraud redet ihn freundlich an — Nun löset sich ihm die Zunge — Es regnet Sprüche — Warum Frau Gertraud Twazzen anredet — Helenens Interimsbetragen — Gertrauds Zustand — Twaz begleitet sie nach Hause — Helene wäre schier eifersüchtig geworden — Twaz ist kein Dummkopf — Ratio, warum Twaz der Frau Gertraud Kour macht, und Helenen stehen läßt — Es wird ein Beispiel allegirt ad confirmandum datam rationem — Twaz wird fast bis in dritten Himmel entzükt — Miß Helene nach ihrer geheimen Instrukzion kuppelt beide zusammen — Die Neuvermählten sind beglükt.

Das Götterheer, nun hocherfreut,
Singt frohe Siegeslieder;
Und kehrt nach beigelegtem Streit
Nach dem Olympus wieder.
Siegprangend zieht die Schar einher;
Sie stellt das siegende Gewehr
Hin in die Arsenale,
Und zieht zum Siegesmahle,

Gebratnes und Gesottnes stand
Auf Tafeln in der Menge.
Rostbraten, Hüner — allerhand —
Schier ward der Saal zu enge.
Gefrohrenes und Marzipan;
Was Leckermäuler reizen kann —
Und tausend Konfitüren
Will ich gar nicht berühren.

Vom Nektar und Ambrosia
Die vollen Tische knirrten;
Gesundheit und Viktoria
Um aller Gläser schwirrten.
Der göttlichgute Zyperwein
Schlich glatt in jede Kehl' hinein —
Manch Bürger Vindobonens
Denkt wol: „da wär' gut Wohnens!"

Wohl war! doch ist es, wie man spricht,
So könntet ihr's nicht dauern;
Die guten Götter jausen nicht,
Wie ihr in euren Mauern.
„Sie jausen nicht? Pozsikkerment!
Das Jausen ist mein Element!
Schön Dank! In Vindobonen
Ist's warlich besser wohnen!

―――――

Nach aufgehobner Tafel bat
Die schöne Frau Zytherre
Den noch versammelten Senat;
Daß er die Bitt' gewähre —
Daß mit der heiligen Helen
Sie dürfe auf die Erde gehn,
Daß, wie der Götterwille
John den Traktat erfülle.

Bewilligt ward's — Nun schmükten sie
Sich nach der Schönen Weise;
Mit Sorgfalt und mit vieler Müh
Kleidt jede sich zur Reise.
Da alles fertig um und um,
Kam das Gebärdenstudium,
Um durch dergleichen Faxen
Das Männchen zu bebaxen.

Sie fuhr nun vom Olympus ab
Im goldnen Muschelwagen;
Rasch rollt er fort, und — traptraptrap!
War sie schon vor dem Schragen;
Und wie die Pforte Morgensfrüh
Geöffnet ward: so fuhren sie
Als reisende Personen
Zum Gasthof der drei Kronen.

Die Fremden machten beide sich
Kommod nach ihrer Reise.
Mit Balsam jede sich bestrich
Nach hergebrachter Weise.
Ein dünner Flor bedeckte sie
Nur halb; die Lenden, Brust und Knie —
War in Natur zu schauen
Bei diesen schönen Frauen.

———

Die Stuzzer von verschiedner Art,
Wie sie das Ding vernahmen,
Bepuderten sich Kopf und Bart,
Und liefen nach den Damen.
Manch alter ausgewelkter Thor
Schielt hinter seiner Brill hervor;
Es bringt ihn fast von Sinnen,
Daß er nicht mehr kann minnen. —

Doch schlich er jungen Stutzern nach
Vor'n Gasthof der drei Kronen;
Er seufzt, und keucht manch banges Ach!
Daß ihn nicht Minnen lohnen.
Hier stellten sie sich — alt und jung —
In Reih'n, nach prächt'gen Landesprunk;
In goldner Bratenweste —
Erschienen alle Gäste.

―――

Die Herrchen gukten, groß und klein,
Jung, abgewelte Gekken,
Hin nach der Schönen Fensterlein
Die Schönheit zu entdekken.
Sie schnuppern hin, sie schnuppern her,
Und gaffen in die Läng' und Quer.
Auf einmal — Welch Entzükken!
Helene zeigt den Rükken. —

―――

Betäubt und stumm stand alles da,
So wie vom Bliz getroffen.
Aus einem Munde schrien sie — Hah!
Das Maul stand allen offen.
Welch seltner Wuchs! schrie alles laut,
Ah! hinten ist sie schön gebaut!
O vorn! — Bei Herkulessen!
Ist's Mädchen schön — zum Fressen!

John Twaz, der in vergangner Nacht
Den schönsten Traum geträumet
Sann hin und her, wie er erwacht,
Wie sich die Deutung reimet,
Das schönste Kind entzükte ihn
Und wie das lose Mädchen schien;
So that es gar nicht blöde,
Nicht im geringsten spröde;

Das war im Traum. Denn wachend ist
Ein sittsam Mädchen blöde.
Und wenn's auch oft im Dunkeln küßt,
Thut's doch beim Lichte — spröde.
So war es weiland — aber heut
Da küßt und näkt, und — ungescheut
Das Mädchen. — Es hat Mores —
Und — viele Amatores. —

John schlief vergnüglich wieder ein
Mit sehnsuchts=vollm Entzükken.
Wie leicht kann's wieder möglich seyn,
Das Bilder ihn erquicken!
Die Schöne kam im Traum zurück;
John träumte sich sein größtes Glück —
Süß schlummert'er bis Elfe
Und blieb im Bett bis Zwölfe.

Auf

Auf einmal kömmt ein Schmetterling
Von Stuzzer hergeflattert,
Der ihm das schöne Wunderding
Der Reisenden beschnattert.
„Par bleu! Das heißt ein schlanker Wuchs!
O! hätt' ich Augen, als ein Luchs;
Dann könnt' ich mehr erzählen
Von diesen schönen Seelen.„

Noch dreimal seufzt der Stuzzer, ah!
Aus wonnigem Verlangen.
„Freund, so ein Mädchen, fern, und nah,
Hab ich noch nie umfangen!
Des Mädchens Mutter reizend schön,
(Erzählen die, die sie gesehn)
Nach allen Künstlerzeichen
Soll gar Zytheren gleichen.„

John hört ihm voll Verlangen zu,
Springt rasch aus seinem Bette;
Sucht Hosen, Weste, Strümpf' und Schuh',
Und eilt zur Toilette.
Wie er nun statlich aufgepuzt,
Gleich süßen Herrchen zugestuzt,
So lief er, schnob' und rennte,
Als ob der Kopf ihm brennte.

Beim Gasthof traf er nun den Schwarm
Der neugiervollen Gukker;
Geschlungen waren Arm in Arm;
Die Sprach' war süß wie Zukker.
Und jedes Herrchen zu — und von —
Studierte seine Lekzion,
Wie es ihm könne glükken
Die Damen zu berükken.

Und

Und keiner war ein schlechter Held
In solchen Liebesschosen;
Denn jeder hatte Art und Welt,
Troz wiudigen Franzosen
Ein jeder wünschet sich das Glük;
Drängt vor, drängt andere zurük —
Es gab in dieser Menge
Ein allgemein's Gedränge.

John, ein im Kauf erfahrner Mann,
Beginnt das Spekuliren,
Wie er von dieser Schönheit kann
Am leicht'sten profitiren;
Rennt durch den Schwarm in vollem Lauf
In Gasthof, und die Stieg' hinauf —
Und fragt, ob er nicht ihnen
Mit Waaren könne dienen?

Er fragt — Frau Venus wandt sich um
Mit zauberischen Blikken —
Und — John betäubt, ward fragend stumm,
Vergaß sich vor Entzükken.
Es fieng der überraschte Mann
Wol dreimal noch zu stammeln an;
Allein ihm fehlten Worte
An diesem Zauberorte.

Durch die Assoziazion
Der vorigen Ideen
Mußt' es wol diesem Erdensohn
So, und nicht anders gehen.
Der Zauberring — der Zauberring —
Das lezt gesehne Wunderding
Fuhr Johnen vor die Stirne;
Verrükt' ihm das Gehirne —

Er kannte Venus freilich nicht,
So wenig als Helenen;
Allein an Zügen im Gesicht,
Und — glichen sich die Schönen.
Er zitterte und bebte gar,
Das mitleidsvoll zu sehen war.
Sie ließen Johnen stehen,
Als ob sie's gar nicht sähen.

Doch endlich redt ihn Venus an,
Hernach auch Miß Helene.
„Mein lieber, art'ger, junger Mann,
Was soll hier dieß Gestöhne?"
Nun ward ihm erst ums Herze bang;
Der Schönen Stimme Silberklang,
Und jeder ihrer Töne
Vermehrte das Gestöhne.

Er wankte taumelnd hin und her,
Und suchte sich zu fassen.
Doch schielt er, bebend immer mehr
Hin, wo die Schönen saßen.
Frau Venus hatte ihren Spaß;
Sie freute sich darob fürbaß;
Begann den jungen Gekken
Gar traulich an zu näkken,

———

Dem Ritter wächst nun auch der Muth,
Beginnt sich zu entschließen,
Den beiden Schönen kurz und gut
Die runde Hand zu küssen.
Er greift zur Hand — und träumt sein Glük —
Doch schnell schwindt ihm die Hand zurük,
Und fällt bei dieser Phrase
Beschämt auf seine Nase.

———

John,

John rafft sich auf von dem Versuch —
Macht schnurr'ge Reverenzen;
Trollt fort — studiert nun Naso's Buch (a)
Und sammelt sich Sentenzen.
Und mit dem Spiegel in der Hand
Ward er in Minen so gewandt,
Troz all'n Endymionen.
Und kundigen Nasonen!

———

Als so die Stuzzer Johnen sahn —
Die Nas' vom Blute triefen —
Vergieng den Herrchen, ob dem Wahn,
Der Muth, und alle liefen.
„Bei solchen Schönen, dachten sie,
Verschwenden wir nicht unsre Müh —
Wir lassen Nasenstüber
Sehr gern John Twazzen über.„

John

———

(a) Unsre Stuzzer, weil sie kein Latein verstehen,
nehmen ihre Zuflucht zu Romanen und Komödien
— studiren die Liebhabersrollen. —

John Twaz schrieb einen Liebesbrief
Gar weißlich der Helene;
Worin er alle Götter rief
Zu fesseln ihm die Schöne.
Um Fürsprach' rief der trunkne Mann
Dieß kluge Kammermädchen an,
Und fleht, daß sie behände
Der Schönen Herz ihm wende.

Frau Venus, als sie Johnen sah,
Daß, wie der Götterwille
Er jeden Punkt bis Z und A
In dem Traktat erfülle,
Versprach sich nun des Sieges Glük —
Helen blieb auf Befehl zurück —
Sie mußt' der Muschelwagen
Nun zum Olympus tragen.

Ein junges, schönes, reiches Weib,
Deß Reize unverdorben;
Des Mannes süß'ster Zeitvertreib,
Der schon ein Jahr gestorben.
Dieß Weibchen wohnt in dieser Stadt,
Die viele art'ge Weiber hat —
Zum Vorzug und zur Ehre
Glich sie fast der Zythere.

Ihr Nam' war **Gertraud** wohl bekannt
In mancher Stadt und Städtchen.
Manch Stuzer buhlt um ihre Hand
Vor allen andern Mädchen.
Allein so viel Frau **Gertraud** spricht;
So heirath't sie im Leben nicht —
Warum? So, wie ich höre,
Dem sel'gen Mann zur Ehre.

Dieß Warum — glaub ich selber gern,
Der seltnen Treue wegen,
Von mir sey Tadel weit und fern,
So was zu widerlegen.
Doch — wär' es wahr, so wie man spricht
So freien manche Wittwen nicht,
Damit nicht Ehestandsschwere
Der Freiheit Wahl zerstöre. —

———

Was sprechen böse Zungen nicht!
Juu! Laß man sie sprechen!
Ein gegentheiliger Bericht
Will sich sogar erfrechen,
Behaupten, daß zur freiern Wahl
Der Mittel für die Liebesqual
Die Schönen sich bequemen
Ein **Männchen** — sich zu nehmen.

———

Dem Dinge sey nun, wie ihm sey;
Frau Gertraud hatte Sitte;
Sie liebet Ehrbarkeit und Treu,
Glitscht nie in ihrem Schritte.
„Sie puzzet, schminkt, bespiegelt sich!
Ihr Leutchen, seyd nicht wunderlich!
Zu was für Albernheiten
Kann Mode nicht verleiten!

Wie Zypripors Legende spricht,
War Miß Helen belehret,
Daß nach Zytherens Unterricht
Sie in den Dienst begehret
Zu der Frau Gertraud — Und sie wird"—
Wenn hier nicht die Legende irrt — —
So bald sie nur gekommen,
Auch gleich in Dienst genommen.

Als Kammerjungfer trat sie ein,
Der hohen Zunft zur Ehre.
Sie that als Kammerjüngferlein
Als wenn sie's gar nicht wäre.
So ehrbar und so jüngferlich —
So eingezogen stellt sie sich,
So frei von Weibersünde,
Ob sie nicht drei — versünde.

Die gute Wittwe war der Art,
Wie vieler spröder Schönen,
Wo ungesehne Lieb' sich paart,
Die sie — gesehn — verhöhnen.
Miß Helena verstand den Kniff,
Und einstudiert in Weiberpfiff',
Wußt' solche Roll'n zu spielen,
Die ihrer Frau gefielen.

Sie drükket oft Ein Auge zu
Bei so gewißen — Szenen,
Um sicherer die Blindekuh
Zu spielen mit der Schönen,
Das Dienstchen ad reciprocum —
Macht heut auch Frauen blind und stumm;
Es sind doch schlaue Füchschen
Die losen Kammernixchen!

Im Kurzen ward Frau Gerteraud
Dem Mädchen recht gewogen;
Sie plauderten intim, vertraut,
Und lange Stunden flogen.
Sie plauderten oft lang und viel
Von Männern, und vom Minnespiel,
Vom Puzze, und von Bändern,
Vom näk'schen Spiel bei Pfändern.

John Twaz indessen harret lang
Mit sehnsuchtsvollen Blikken
Auf eine Antwort — Angst und bang
Wird's Herz ihm — zum Erstikken.
Er läuft im Zimmer hin und her,
Und weis vor banger Angst nicht mehr
Die Mittel zu ersinnen
Die Schöne zu erminnen.

Auf einmal faßt er neuen Muth,
Ruft Hilf' aus obern Zonen;
Raft schnell sich auf, nimmt Stok und Hut.
Und rennt zu den drei Kronen.
Mich dauert doch der arme Wicht;
Die fremden Schönen trift er nicht;
Zythere ist entflogen—
Helene ausgezogen.

Er kömmt, klopft an der Fremden Thür
Sanft, zärtlich, zitternd, leise —
Neigt horchend hin das Ohr zu ihr,
Und klopft nach vor'ger Weise.
Was kann für ihn betrübter seyn!
Kein Stimmchen rufet ihm: herein!
Er bleibt vor Liebeswehen
Fest vor der Thüre stehen.

———

Bis endlich ihm des Wirthes Magd
Den bösen Dienst erweiset,
Und ihm auf seine Frage sagt,
Daß beide abgereiset.
John Twaz verläßt den Trauerort
Schleicht sich, betrübt, in Schwermuth fort,
Und wenig hätt' gefehlet,
Daß er sich nicht entseelet.

Was hat nicht Schwärmerei gestift?
Sagt mirs, ihr Philosophen —
Was wirkt der Liebe schleichend Gift?
Sprecht doch, ihr Herr'n' und Zofen —
O Amor! Amor! eile Du —
Wie leicht kann John in einem Nu
Sich, wie der Bliz, entschließen,
Sich wakker zu erschießen —

* * *

John nun des öden Lebenssatt;
Findt nirgend ruh'ge Stätte.
Vom Aechzen, Seufzen müd und matt,
Wirft er sich hin aufs Bette.
In Schwermuth schläft er endlich ein,
Und findt zur Lindrung seiner Pein
Im sel'gen Traumgefieder
Die fremde Schöne wieder.

Beglükt durch dieses Traumgesicht
Ist er schon halb geborgen.
Der holde Traum, ach! der verspricht
Das Ende banger Sorgen.
Und dreimal träumt er dieß sein Glük,
Die fremde Schöne kömmt zurük,
Hält liebend ihn in Armen
Und küßt und — drükt den Armen.

John Twaz erwachet wolgemuth;
Erfreut sich seines Glükkes;
Er höhnt und spottet gar der Wuth
Des widrigen Geschikkes.
Doch unser Ritter dachte kaum,
Das Zauberbildchen ist ein Traum,
Straks fiel auf seine Glieder
Die alte Schwermuth wieder.

An einem schönen Sommertag
Gieng John zu spintisiren
Das Ende seiner Herzensplag'
Ganz seelallein spazziren.
Er gieng und sann, und sann und gieng —
Der Kopf ihm tief zur Erde hieng —
Er stieß hier auf zwei Schöne;
Auf Gertraud und Helene.

Er stand, als wie versteinert da;
Ihm fuhr's durch alle Glieder.
Er starrt, er staunt', er bebt', er sah
Die holden Fremden wieder.
Es sah der wonnetrunkne Mann
Frau Gertraud für Zytheren an;
An Zügen, Wuchs, und Kleide
War nichts zum Unterscheide.

Er naht sich wankend hin und her,
Zur Gertraud und Helenen;
Er staunt sie an — und nun fieng er
Gewaltig an zu stöhnen.
Bei diesem ungehofften Glük
Sann er auf Naso's Buch zurük;
Rieb weidlich sich die Stirne
Zu reizen das Gehirne.

———

Allein dieß Mittel half ihm nicht,
So sehr es sonst auch nüzzet;
Auf welch's Arkanum, wie man spricht,
Sich oft der Skribler stüzzet.
Er sah und stand, und stand und sah —
Seufzt ah! und ach! und ach! und ah! —
Bei tausend Sappermenten!
Sind Ah! die Komplimenten?

———

Frau Gertraud nahm's so übel nicht;
Es daurte sie der Junge.
Sie sah ihm freundlich ins Gesicht —
Nun löst sich seine Zunge.
Sein armes Herzchen frei vom Zwang,
Entschüttet seinen Liebesdrang;
Es kamen Sprüch', wie Wogen,
Aus dem Ovid geflogen.

———

Laut lachte Jungfer Helena
Bei diesen bunten Phrasen,
Wie sie das Männchen plaudern sah,
Und zappeln auf dem Rasen.
Sie nahm das Schürzchen vors Gesicht,
Daß nur ihr lautes Kikkern nicht
Der trunkne Mann vernehme,
Und sich zu kosen schäme.

———

John Twazzens starker Bau gefiel;
Schien vieles zu versprechen —
Ein Weib — vom sittsamsten Gefühl,
Hat hierin seine Schwächen.
Drum wundert euch, ihr Leutchen, nicht,
Wenn John ihr in das Auge sticht.
Doch wie ich denk' und meine,
Liegt Trug sehr oft im — Scheine —

Frau Gertraud hörte staunend an
Des jungen Mannes Klagen.
Dieß mußt' wol unserm Rittersmann
Recht herzlich gut behagen.
Vom Herzensschmerz, und Liebesdrang,
Und von der Stimme Silberklang
John Sprüchelchen zitiret,
Als wär' ihm's Maul geschmieret.

Roth

Roth malt sich Gertrauds Angesicht
Bei jeder Liebesphrase.
Sie dräut und — zürnet dennoch nicht;
Nur rümpft sich ihre Nase.
Sie gieng und stand, und wollte gehn,
Sie gieng und gieng — blieb gehend stehn —
Doch — ohn' allen Zweifel
Die Sprüche schrieb der Teufel!

———

John sah — wie Dichter Wieland spricht —
Den Wald nicht vor den Bäumen.
Verstünd' er besser die Geschicht
Der Schönen, würd' er säumen?
Er seufzt nur, klaget, winselt, fleht'—
O daß er nicht die Kunst versteht,
Die Damen zu besiegen
Die — willig unterliegen!

———

Den

Den Wohlstand ehrt Frau Gerteraud;
Drum that sie anfangs blöde;
Wenn ihr auch nicht vor Männern graut,
So spielt sie doch die Spröde.
Sie hört das Seufzen junger Herr'n,
So wie der Liebe Klage gern;
Doch ohne Wohlstandsflekken
Kann sie's ja nicht entdekken!

———

Sie geht — John schleichet neben her.
Sie treibt ihn nicht von hinnen.
Er hoft, die Schöne doch, so sehr
Sie sträubet, zu gewinnen.
Er bittet — Sie erlaubt den Arm —
Er führt sie — ihm wird kalt und warm —
Nun wär' es wohl kein Wunder,
Er brennte hier zu Zunder.

———

Miß Helena geht hinten nach,
Macht Anmerkung und Glossen.
Es hätte sie fast diese Sach'
Bei einem Haar verdrossen;
Wenn sie so alles — hin und her —
Gehabt, was Männern dienlich wär';
Doch bei dem Aetherleibe —
Taugt sie zu keinem Weibe.

John war gewiß kein dummer Tropf,
Das kann ich euch versichern;
Sein kenntniß=voller kluger Kopf
Folgt der Natur — Nicht Büchern —
Und dieß seit dem das Wunderding
Vom jüngst gesehnen Zauberring
Ihn für Natur bekehret;
Und beßre Ding' gelehret.

Warum liebt John Helenen nicht,
Und Gertraud hat die Ehre?
Weil Miß Helenen was gebricht,
Das in der Erdensphäre
Des Manns = und Weibes vinculum
Naturae — doch silentium!
Hier war vis attractiva:
Dort die vis repulsiva.

Und zum Beweise will ich euch
Ein Beispiel allegiren.
Das soll euch, klugen Kridler, gleich
Ad nucem überführen.
Es war einmal, hört mich nur an,
Ein reicher und ein stolzer Mann,
Der liebte Pferd; doch Schäkken,
Gefielen baß dem Gekken.

Er ließ von beßter Künstlerhand
Sich so ein Pferdchen malen.
Der Künstler, der sein Werk verstand,
Ließ sich auch wakker zahlen.
Er stellt's der Stutte in den Stall;
Die wiehert, schnuppert überall;
Doch kann sie für ihr Puppern
Nicht, was sie sucht, erschnuppern.

———

An Farbe gleich läßt einmal sich
Ein wahrer Hengst ihr sehen;
Sie läuft zu diesem wonniglich;
Läßt's Malers Pferdchen stehen.
Sie fühlt, wie jeder Erdensohn
Aus süßer Exhalazion,
Daß hier — vis attractiva:
Und dort — vis repulsiva.

Frau Gertraud ziehet unsern Held,
Die er im falschen Wahne
Zwar noch für Frau Zytheren hält,
Folgt willig ihrer Fahne.
Warum er folgt, das wißt ihr schon —
Und jeder wakre Erdensohn
Wirds wohl bei solchen Sachen
Gewiß nicht anders machen.

———

John führt die Schöne bis nach Haus
Mit süßen Liebsgeschwäzze
Er schwazt in Tropen bunt und kraus
Sich, und auch — ihr zur Lèzze.
Frau Gertraud hört ihm traulich zu:
Sie wünschen angenehme Ruh —
Nach dieser Schmerzenspause
Geht John vergnügt nach Hause.

———

Wer war nun glücklicher, als er?
In allen Erdenzonen
Kann wohl kein König glücklicher,
Als John voll Hoffnnng thronen.
Er schläft vergnügt — träumt nichts als Glük
Und wachend ruft er es zurük.
Mit ihm kann nun auf Erden
Kein Fürst verglichen werden.

Frau Gertraud dacht' der Szene nach:
Ihr war's so wohl und wehe;
Die Brust löst manches leise Ach!
Ihr wirbelt's bis zur Zehe.
Helene sprach ihr tröstlich zu;
Getröstet legt sie sich zur Ruh;
Schläft ein, und träumt im — Liegen
Das süßeste Vergnügen.

Helene wirkt durch ihre Kunst
In Kurzem Wunderdinge;
Macht beiden Trunknen einen Dunst,
Damit sich jeder fienge.
Und, kurz und gut, Frau Gerteraud
Ward ihm zum Weibe angetraut.
John war nun froher Dinge
Bei seinem Zauberringe.

———

Beglükt, vergnügt war dieses Par,
Es träumte nichts als Freuden.
Doch Johnen drohet nun Gefahr
Und langes, schweres Leiden.
Die Bonzensünde — ist der Sporn —
Sie hat gereizt der Götter Zorn —
Wer's wissen will, der suche
Nun in dem dritten Buche.

Drittes Buch.

Inhalt

des

dritten Buches.

―

Twazzens und Gertrauds Flittertage nach der Hochzeit — Ein Gleichniß von einem Jäger — Komparazion. — Es giebt viele Bräute, wie Frau Gerteraud — Twazzens Ehstand war 6 Wochen alt

Inhalt

alt. — Die Flittertage sind vorüber. — Der Kaufmannsgeist erwacht. — Das Weibchen darf nur von der Oekonomie sprechen. Gleichniß von der Bauren=kirchweih — Iwaz meidet die Gegenwart seiner Frau. — Sucht sie sich vom Hals zu schaffen. — Sie klagt ihre Noth der Kammerjungfer — Denkungs=art der Kammerjungfer. — Eine Heilige wird zum Beweise angeführt. — Frau Gerteraud soll sich einen andern Zeitvertreib wählen. — Etwas de gratiarum differentia. — Gertraud fürch=tet sich, die rechte Gnade zu treffen. — Helene beweiset, daß die gratia ignorantiae die kräftigste Gnade sei. — Magazin süßer Herren wird angezeigt. — Etwas zur Karakteristik der süßen Herren — Frau Gertraud giebt ihrer Kammerjungfer nach. — Der zweite Held
die=

Inhalt

dieser Geschichte, Arnolph, ein Kaufmann kömmt in die Stadt. Twaz wählt das Kaffeehaus und die Wechselbank — Arnolph kömmt ins Kaffeehaus, wird John Twazzens Freund — Arnolphs Karakter. — Arnolph geht Spaziren — betrachtet von ungefähr Twazzens Haus, wird mit Frau Gertraud bekannt. — Twaz geht täglich Nachmittags um drei Uhr aus, — Arnolph wird um diese Zeit bestellt. — Empfängt von der Frau Gertraud eine goldene Uhr und Dose — Gertrauds und Arnolphs Zustand — Arnolph erzählt seinem Freunde John Twazzen die Geschichte. Twaz ist ein Sceptiker — will alles ad captum demonstrirt haben. Twaz macht Arnolphen ein verdammtes Intermezzo. Arnolph rettet sich in einem Kleiderkasten. Twaz sucht — findet nichts. Küßt

Inhalt

— Küßt sein treues Weib, geht wieder auf die Wechselbank — Arnolph schleicht aus dem Kasten — Unterhält sich mit Frau Gertraud — wird wieder bestellt — erhält ein Röllchen niederschlagenden Goldpulvers — Episode — Etwas für die Männer. —

*   *   *

Die ersten Tage flohn dahin
In lauter Seligkeiten;
Und beider liebetrunkner Sinn
Mehrt ihre Lüsternheiten.
Sie kosen, dahlen lang und viel;
Sie schäkern bei dem Minnespiel;
Sie tändeln und — beginnen
Vom Neu'n das Spiel der Minnen.

Es war einmal ein Jäger, der
Mit Kraut und Loth versehen
Zu Walde gieng, im Gehn sah er
Viel Spazzen, Zeischen, Krähen;
Er sah, und schoß viel Vögelein,
Drob sich sein Herz und Seel' erfreun;
Die Weidtasch' ward zu enge
Für dieser Vöglein Menge. —

———————

Auf einmal sprang ein Hirsch vorbei
Durch Busch und Bäum' und Hekken;
Das Thier blieb ihm mit dem Geweih
Im dunkeln Dikkicht stekken —
Er griff nach Pulver und nach Blei;
Doch nichts war ihm mehr überlei —
Aus Kinderei und Possen
War Kraut und Loth — verschossen.

———————

Der

Der pulverlose Jäger lief
Zum Hirsch mit Weidmannsfreuden,
Der sich verstrikt im Dikkicht tief,
Um ihn dort auszuweiden.

Jedoch der Hirsch entsprang dem Stich;
Er krümmte, wand und zwängte sich
Durch's Buschicht; — ließ im Zwängen
Ihm seine Stangen — (a) hängen.

So wie es diesem Jäger gieng,
So gieng es auch John Twazzen;
Verzweifelnd ist für ihn das Ding;
Er möchte sich zerkrazzen.

Er that gar oft, als — wollte er;
Doch stäts versagt' ihm das Gewehr;
In tantum & in totum
Vacuum erat Scrotum. (b).

Dieß

(a) Stangen, nach der Weidmannssprache so viel, als Geweih.
(b) Scrotum — Schrotbeutel.

Dieß ist für dich, Frau Gerteraud
Fatal, du Neuverlobte;
Doch tröste dich mit mancher Braut,
Die, wie du, die Gefoppte. —
Hier hilft kein grämliches Gesicht,
Das Seufzen und das Winseln nicht;
Und Gram, Verdruß und Kummer
Raubt ja nur Schlaf und Schlummer.

Ihr Ehstand war sechs Wochen alt,
Und Johnens Feu'r verflogen.
Die heiße Liebe schal und kalt,
Mit Eise überzogen.
In ihm erwachte statt der Lieb'
Der sorgenvolle Mammonstrieb;
Er fand nun bei den Schäzzen
Sein wonniges Ergözzen.

Sein Weibchen war ihm lieb und werth;
Nichts ließ er ihr gebrechen.
Doch durft' sie nur von Küche, Herd,
Und von Prozenten sprechen.
Und wenn auch, wie ihr alle wißt,
Im Dörfchen einmal Kirchweih ist —
So wird — giengs auch auf Stelzen —
Dieß Fest den Kohl nicht schmälzen (a)

John nicht mehr zärtlich gegen sie;
Der Stuzzer war verloren,
Floh Tête á Tête, und Knie an Knie —
So — blieb er ungeschoren.
Und kam sie in das Komtoir
So stiegen ihm zu Berg die Haar',
Wußt' stäts mit leeren Dingen
Sie sich vom Hals zu bringen.

Sie

(a) Das wird den Kohl schmälzen! Ist eine in
Sachsen übliche Redensart; und bezeichnet den Begriff,

Sie seufzte lang, und seufzte viel,
Klagt ihre Noth Helenen.
Unmöglich kann sie ohne Spiel —
Der Einsamkeit gewöhnen.
Es mehrt sich täglich ihre Qual;
Es reuet sie John Twazzens Wahl —
Sie wünscht für ihre Wehen
Daß sie ihn nie gesehen.

Wenn das hochheil'ge Sakrament
Die gute Frau nicht bände:
Sie leicht für ihre Qual das End
In andern Mitteln fände.
Allein das heil'ge Vinculum
Erfodert Treue um und um —
Das wird in unsern Ehen.
Ein jedes Weib gestehen.

---

griff, daß ein Mittel zur Erreichung eines Zweks nicht hinreicht; sondern nur wenig, oder gar nichts beiträgt.

Jedoch die Kammerjungfer war
Sehr lax in dem Gewissen;
Und, wie man sagt, so war es gar
Beim Paris — schon zerrissen;
Sie sprach: „Wär' ich an ihrem Platz,
So wollt' ich für den dummen Twaz
Mich warlich nicht kasteien;
Ich — würde mich zerstreuen."

„Ich — suchte mir so — neben her
Die Grillen zu vertreiben;
Dem Mann' wird Lukas nimmermehr
Davon ein Wörtchen schreiben.
Es giebt ja süßer Herr'n genug!
Und Sie, Madam', sind selbst so klug —
Ein Tête à Tête in Ehren
Kann selbst der Papst nicht wehren!"

Und zum Beweise sezt sie bei,
Daß in dem Männerkreise,
Nicht einsam — sich der Weiber Treu
Erst recht verdienstlich weise.
„Selbst eine große Heiliginn (a)
Gieng in ein Männerkloster hin,
Um mitten in Gefahren
Ihr Kleinod — zu bewahren.„

„Sie lebte keusch und brüderlich;
Und ward nicht einmal lüstern;
Was auch die bösen Spötter sich
Hier in die Ohren flüstern.
Um eine Heilige zu seyn,
Gieng ich der Treue Prüfung ein;
Sie können dann auf Erden
Gar eine Heil'ge — werden.„

„Dein

(a) Die heilige Euphrosina kann Helene nicht gemeint haben; denn was weis eine Heidinn von Pat. Kochems Heiligen!

„Dein Vorschlag ist so übel nicht;
Hätt' ich nur ihre Gnaden!
Wenn Eine Gnade mir gebricht,
Wer steht mir für den Schaden!
Die gratia cooperans,
Und gratia perseverans,
Gratia virtualis
Und efficax, finalis —„

Wer will die Gnaden alle her
So an den Fingern zählen!
Es giebt der Grazien noch mehr
Für Manns,, und Weiberseelen —
Für diese Heil'ge war es leicht;
Sie fand, wie mir die Sache däucht,
Den Grazientornister
Im heil'gen Mönchsregister —„

„Das war sehr leicht; die Gnade war
Stets gern auf frommer Klause;
Entkleidet sich — und thut sogar,
Als wär' sie da zu Hause.
Ja da; wie mein Gewissensrath,
Ein alter — Mönch — erzählet hat
Aus trauten, müß'gen Stunden
Mit manchem Kind' entbunden„ —

„Und jedes Kind hat eigne Kraft,
Und ihm ganz eigne Stärke,
Mit der's in Menschen wirkt und schafft
Besondre Tugendwerke —
Und giebt es nun der Gnaden viel,
So wär's für mich ein böses Spiel;
Wie leicht könnt' ich im Wählen
Die rechte Gnad verfehlen.„

So

So replizirt Frau Gerteraud.
Ich schwör's bei meiner Sünde
Ihr hätt' ich's niemal zugetraut,
Däß sie Latein verstünde.
Helene red't ihr tapfer zu,
Und demonstrirt zu Gertrauds Ruh;
Es würde ihr im Wählen
An Grazien nicht fehlen. —

Helen bewies, daß Ignoranz —
Die Kräftigst' aller Gnaden;
Sey efficax — cooperans,
Der ganzen Höll zum Schaden.
Frau Gertrauds Herzchen war zu schwach;
Gab Demonstrazionen nach
Sie folgt Helenens Schlüssen
Mit ruhigem Gewissen.

Nun

Nun war's erlaubt mit jungen Herr'n
Euch ihre Zeit zu kürzen.
Der Leckerchen giebt's viel, die gern
Der Schönen Leben würzen.
Wer Gusto zu den Herrchen hat —
Sie stehn zu Diensten früh und spat —
Der kann sie auf dem Graben
Zu duzzendweise haben. — — —

Es sind gar art'ge Herrchen! Sie
Verstehn die Toilette,
Und haben Welt — Galanterie,
Viel Weiberethikette. —
Sie sind so näkkisch — so galant,
In allen Dienstchen — so gewandt,
Und in der Schäferstunde — — —
Beim Blitz! die Hand zum Munde!

Wie

Wie eben so Frau Gertraud sann,
So kam aus fremden Landen
Ein junger, schöner, wakrer Mann,
Den alle reizend fanden,
In diese Stadt, um hier sein Glük
Und ein ihm günstiges Geschik
Durch fleißigs Kalkuliren
Heraus zu spintisiren.

———

Arnolph, so hieß der fremde Mann,
War hier des Handelswegen.
Ihm sah man's gleich vom weiten an,
Daß er von viel — Vermögen:
Wie Milch und Blut war sein Gesicht;
Und alles war im Vollgewicht —
Er war — bei Tod und Hölle!
Noch reiner Junggeselle.

Das Kaffeehaus, die Wechselbank
Wählt John zum Zeitvertreibe.
Indessen währt die Zeit sehr lang
Zu Haus dem jungen Weibe.
John traf nun unsern fremden Mann
Einst in dem Kaffeehause an,
Arnolph scheint gut und ehrlich
Und Johnen nicht gefährlich.

John sezzet sich zum Fremden hin
Fängt an zu diskurriren;
Ihn treibt der Vortheil und Gewinn
Und Handlungsspekuliren.
Vielleicht ist der Bekanntschaft Lohn
Vortheil'ge Expedizion —
Wie viel' aus Kaufmannsorden,
Sind dadurch groß — geworden!

Nun

Nun gieng's an's Plaudern hin und her
Von allen Handlungsplätzen;
Das war für unsern Ritter mehr
Als Amors sel'ge Lezzen.
Und kurz, John ward Arnolphens Freund —
Sie, durch das Freundschaftsband vereint,
Sie plaudern in der Länge
Tagtäglich eine Menge.

————

Arnolph, ein guter, deutscher Mann,
Ohn' Falschheit und Gefährden,
War er gen diesen neu'n Kumpan
In Reden und Gebärden;
Er kannte nicht Verstellungskunst;
Noch weniger der Franzen Dunst,
Mit heut'gen Freundschaftstükken
Wußt' er sich nicht zu schikken.

————

Cer

Der fremde schöne, schlanke Mann
Gieng eines Tags spaziren;
Er gieng allein und dacht und sann
Nur auf das Promöniren;
Er gieng vor Johnens Haus vorbei,
Das schön gebauet, groß und neu,
Mit prächtiger Altane,
Mit Thurm und Wetterfahne.

Er wußt' nicht, daß es Johnens Haus;
Noch nie hatt' er's betreten;
Warum ihn John nicht in sein Haus,
Als einen Freund gebeten,
Das weis ich nicht; das werden schier
Am beßten jene Männer mir
Auflösen, die zum Lohne — — —
Sich fürchten einer — Krone.

Wie Arnolph dieß Gebäu beschaut,
Erblikte er zwei Schöne;
Am Fenster stand Frau Gerteraud,
Und hinter ihr Helene.
Herr Arnolph war nun flugs behänd,
Und macht ein tiefes Kompliment.
Sie nikten mit dem Köpfchen
Und art'gen Federschöpfchen.

Er steht, beschaut noch hin und her
Das Haus mit den Ornaten.
Indeß schreit Helen: „Bliz! das wär
Für Sie, Madam, ein Braten!
Scheint gar ein lieber, feiner Mann —
So artig, nett — seh'n S'ihn nur an —
Ich steh hier, wie auf Kohlen!
Sprech't! soll ich's Mäunchen holen?„

Wie

„Wie Sie doch das Gewissen plagt!
Ein Tête à Tête in Ehren,
Hab ich's doch schon einmal gesagt —
Kann ja kein Papst verwehren!
Nur frisch gesagt — die Zeit verrinnt,
Izt ist er da — nicht immer sind
Zu fangen Krammetsvögel — —
So sagt des Weidmanns Regel."

Der Fremde geht — Frau Gertraud nikt
Nur wenig (a); doch Helene
Zur Kammerjungfer sehr geschikt
Verstand die stummen Töne.
Und husch! war sie die Thür hinaus —
Und husch! war sie schon vor dem Haus —
Sie gieng, lief, sprang und rennte,
Als wenn's im Hause brennte —

Er-

(a) So lag es im Plane der Zythere Jochen wegen
seiner Jünglingssünde zu bestrafen. Gertrauds Be-
tragen, so sehr es auch weiblichen Wolstand, Sitt-
sam-

Erlief den schönen fremden Mann;
Macht gar ein art'ges Knixchen —
Und fängt von der Frau Gertraud an
In V und F statt Xchen.
„Mein Herr! ich weis nicht — komm' ich recht?
„Wie heißen sie nach dem Geschlecht?
„Nach Ihrer Würd' und Stande —
„Und nach dem Vaterlande?„

Arnolph,

---

samkeit und Bescheidenheit beleidigt, ist ihr nicht zu zurechnen. Zudem auch zielt diese schnelle Bekanntschaft nicht auf Aktäonsschaften; sondern bloß zum schuldlosen Zeitvertreib. Der Herr Besserwisser schüttle hierüber den Kopf nicht; und wisse, daß Frau Gertraud ein Frauenzimmer aus dem vorigen Jahrhundert, und wolgemerkt, ein deutsches — Frauenzimmer war — Keine größere Strafe hätte die Frau Zythere für Johnen wählen können — Eifersucht sollte das Resultat seyn. Johns Eifersucht war voraus kalkulirt; Frau Zythere weis, daß Männer ihrer Schwächen — bewußt, am eifersüchtigsten sind; alles von ihrer theuern Ehehälfte entfernen, was derselben mehr anziehend werden könnte. John lud daher keinen jungen Mann zu sich. Helene mußte also — — — der Herr Kritikus mag die Lükke mit seinem Räsonnement weiter ausfüllen.

Arnolph, ein Kaufmann, wol bekannt
Im Lande der Teutonen.
„Schon recht! Sie sind doch recht galant!
„Wie? bleiben Sie hier wohnen?„
O Nein! „Schon gut! Frau Gerteraud,
Die eben dort — am Fenster schaut,
Die will mit Ihnen reden —
Sie — dürfen nicht erblöden.

―――――

Er glaubt dem Mädchen was es sprach;
Träumt nichts von Amoretten;
Folgt willig Miß Helenen nach,
Und fällt — und fällt in Ketten,
Kaum kömmt er zu dem schönen Weib,
So zittert er am ganzen Leib;
Vergißt ob dem Behagen
Was sie befehl' — zu fragen.

―――――

Sie setzen sich und plaudern viel
Von mannichfalt'gen Dingen;
Von Puz, von Mod', Theater, Spiel;
Von dem Klavier und Singen;
Von Modezeug und Modeband,
Von neu'ster Tracht im fremden Land;
Von Cosa rara's Rechte
Im Manns- und Weibsgeschlechte.

―――

Es schlug schon vier, Sie mußten zwar
Nun von einander weichen;
Der Mann, der hier nicht nöthig war,
Könnt' leicht sie überschleichen.
Um drei Uhr, Eine Stunde lang —
Gieng täglich John zur Wechselbank;
Nach vier Uhr zu der Jause
Kam immer John nach Hause.

―――

So eine Stunde merkt genau
(Sie wär dann dumm und ehrlich.)
Sich immer eine kluge Frau,
Wo ihr der Mann entbehrlich.
Gescheid nur muß ein Weibchen sein,
Dann kann sie sich fürbaß erfreu'n:
Natürlich — ohne Wunder —
Der Mann erfährt den Plunder!

―――――

Beim schweren Abschiedskompliment
Fürs angenehme Kosen,
Macht ihm Frau Gertraud ein Präsent
Mit goldner Uhr und Dosen,
Und gab Arnolphen den Bescheid,
Sich Morgen; doch um diese Zeit,
Sich wieder einzufinden;
Er werde sie verbinden. —

―――――

Er

Er gieng — Ihr war so wohl und leicht
Nach dieses Mann's Visitte;
Denn so etwas ist, wie ihr däucht,
Nicht wider Ehr und Sitte.
Sie fand Helenens Vorschlag recht:
Ihr einsam Leben schal und schlecht;
Sie war, wie neu gebohren,
Beim Weg, den sie erkohren.

———

Arnolph erstaunte, freute sich,
Und wußt' sich nicht zu fassen;
Die Szene schien ihm wunderlich —
„Man wird doch wohl nicht spaßen!
Aus Spaß, beim Abschiedskomplimen
Gäb' ich kein prächtiges Präsent!„
Er kann mit seinen Schiefern
Dieß Räthsel nicht entziefern.

———

Er

Er konnt' nicht rasten und nicht ruh'n
In seiner öden Klause;
Er trabt des andern Morgens nun
Früh hin zum Kaffeehause,
Arnolph traf hier John Twazzen an;
Da war gewöhnlich dieser Mann;
Nur zu verschiedner Stunde
Hielt er zu Haus die Runde. —

Die Liebe heischt Verschwiegenheit —
Ein heiliges Gesezze!
Denn biedre Offenherzigkeit,
Vergället ihre Lezze;
Hat manchen in Gefahr gebracht;
Drum, Arnolph, nimm dich hier in Acht
Und mache kein Spektakel
Aus ihrem Tabernakel. —

Arnolph

Arnolph folgt seinem biedern Sinn;
Er haßt verstelltes Wesen.
John konnt' aus Augen, Mund und Kinn
Des Herzens Freude lesen.
War Arnolph froh, hatt' er die Art —
Er strich das Kinn sich und den Bart,
Sang Arien, schlug Triller
Nach Art und Weis' von Miller.

John fragt ihn um der Freude Grund —
Arnolph erzählt ihm munter,
Aus frohem Herz' und vollem Mund
Sein Ebenteu'r herunter.
Die Schöne, und das große Haus
Mahlt er mit hellen Farben aus,
Beschreibt die Stieg' und Zimmer,
Der Spiegel Zahl und Schimmer. —

John horchet — spizt das Ohr, und macht
Gewaltig große Augen,
Die für den Falken zu der Jagd,
Und für die Lüchse taugen.
Arnolph zeigt ihm auch das Präsent,
Das ihm beim Abschiedskompliment
Die schöne Frau verehret,
Die ihm das Glück bescheret.

———

Dem Weibchen wird die Zeit zu lang,
Sprach Arnolph zu John Twazzen,
Der Mann liebt nur die Wechselbank
Und seine alten Bazzen —
Um drei Uhr bin ich heut bestellt —
Ein Schelm ist, der sein Wort nicht hält!
Das ist ein Zeitvertreibchen
Mit einem solchen Weibchen! —

———

John Twaz, der glaubt es, glaubt es nicht;
Stand so im Wikelwakel;
Er denkt: „Was so ein Männchen spricht,
Ist doch noch kein Orakel.
Ich selbst will dieses Diktum seh'n;
Er — könnte dir ein Näschen dreh'n;
Es sind die größten Prahler
Gar oft die schlecht'sten Zahlert!„

Nun schlug es zwölf — John gieng nach Haus;
Doch fieng's ihm an zu jukken. —
Um drei Uhr gieng er freilich aus,
Doch jezt mit Ränk' und Tükken. —
Er bild't sich so was gar nicht ein;
Er selbst will Augenzeuge sein;
Sein sittsam holdes Täubchen
Scheint ihm ein treues Weibchen. —

John gieng, und unser Arnolph kam
Nach drei zu seiner Schöne,
Der gleich den Stoff zu reden nahm
Von vor'gen Tages Szene.
Er sagt mit viel Bescheidenheit
Und zärtlicher Verbindlichkeit
Ihr viele schöne Dinge,
Die ich hier nicht besinge —.

Kaum sezt sich Arnolph neben sie,
Helen besorgt die Jause.
Auf einmal kam Helen und schrie:
„Ihr Herr — kömmt — ist beim Hause!„
Frau Gerteräud war resolut,
Und steft, wie's oft manch Weibchen thut,
Arnolphen in den Kasten
Mit Vorhang und mit Quasten.

Frau Gertraud sezt sich hin und näht:
Helen beim Rädchen spinnet,
Und jede ihren Kniff versteht,
Auf eine Ausflucht sinnet;
Es wär doch möglich, daß der Mann
Ein Kleid sich nähm' und zög es an;
Dann — säßen sie beim Spekke
Wohl beide brav im Dr.* —

⸻

John Twaz kömmt an — sieht rechts und links
Sich um nach allen Ekken,
Blikt links und rechts, und rechts und links,
Um so was — zu entdekken.
Sein Weibchen näht, Helene spinnt,
Und jede sittsam sich beginnt,
Als könnten sie im Lieben
Kein kleines Wasser trüben. —

K 3 Nun

Nun stand John Twaz, der arme Wicht
Nicht mehr im Wikelwakel;
Er dacht'; "Was so ein Männchen spricht
Ist, warlich, kein Orakel!
Gut, daß ich selbst hab nachgeseh'n;
Gewiß hielt' ich, wenn's nicht gescheh'n,
Mein übertreues Täubchen
Für ein untreues Weibchen. —

―――

Er küßt und herz't sein treues Weib —
Geht seiner Wege wieder — —
O Amor! Amor merk' und schreib
Dieß in dein Tagbuch nieder;
Denn so was ist doch warlich werth,
Daß es die Enkelwelt erfährt.
Sie singen dann zum Danke
Wol Lieder diesem Schranke. —

―――

Twaz

Twaz gieng — und Jungfer Helena
War, husch! bei einer Scheibe,
Durch die das kluge Mädchen sah,
Ob ihnen Twaz vom Leibe.
Wie er nun aus dem Hause gieng:
So sprang sie, das geschäft'ge Ding,
Flugs' hin zum treuen Kasten
Mit Vorhang und mit Quasten. —

———

Knarrknirrknarr! öffnet sie den Schrank —
Arnolph schleicht los' und leise
Dem Mädchen nach — Ihm ist noch bang —
Bang nach der Diebe Weise.
Ihm war's um's Herzchen angst und leicht;
Er zappelt, trippelt, seufzt und schleicht —
Ihr Herr'n, von gleichem Blute,
Sprecht, wie war ihm zu Muthe?

———

Frau

Frau Gertrand geht dem schüchtern Mann
Entgegen — Arnolph schweiget —
Sie blikt ihn drauf gar freundlich an,
Worauf sich Arnolph neiget.
Er küsst ihr ihre runde Hand,
Und — was er küssenswürdig fand;
Doch war ob dieser Pause
Sein Köpfchen nicht zu Hause.

——————

Doch endlich faßt Herr Arnolph sich;
Es wachs ihm gar das Kämmchen;
Er thut so schön, so wonniglich,
Gut, wie ein kirres Lämmchen.
So was gefiel dem junge Weib;
Behaglich war der Zeitvertreib —
Doch dieß in Zucht und Ehre —
Ich schwör's bei der Zythere! —

——————

Allein

Allein nun kam die Trennungszeit;
Die Glokke schlug schon viere.
Arnolph war auch zum Gehen bereit,
Und gieng schon nach der Thüre:
So wiederholt sie den Bescheid,
Sich Morgen; doch um diese Zeit,
Sich wieder einzufinden;
Er — werde sie verbinden. —

Frau Gerteraud, schön und galant,
Zur Gnugthuung des Schrekkens,
Drükt ihm ein Röllchen in die Hand,
Zum Ersaz des Verstekkens.
Vergnügt betrat Arnolph den Ort;
Vergnügter trollt er wieder fort;
Nicht der Dukaten wegen —
Nein, — daß er frei von Schlägen. —

Denn

Denn so was pflegt wohl nebenher
Mit unter zu paſſiren. —
Und mancher könnt' die läng' und Quer
Dieß Diktum demonſtriren. —
Wahr iſt es, mancher Ehkumpan
Iſt oft ein plumper Grobian;
Verſteht mit ſeinem Näschen
Gar ſchlecht dergleichen Späßchen. —

Oft ſeid ihr ſelbſt, ihr Männer Schuld
Am weibichen Spektakel. —
Drum ſchmiert euch wakker mit Geduld,
So lautet das Orakel.
O überall, allüberall
Find't ſich gar oft John Twazzens Fall!
Man wird für Männerſünden
Auch ſtets ein Pflaſter finden.

Gott

Zu was die Grobheit? Gebet nach,
Und bet't des Miserere —
Daß eine Gottheit für die Schmach
Euch brav Geduld beschere.
Dieß ein'ge Mittel hilft euch noch
Für das euch zugezog'ne Joch —
Seid nicht so dumme Dinger;
Seht weidlich durch die Finger!

Es ist wohl wahr, manch Weibchen hat
Den Teufel in dem Leibe;
Sie ist ein Vielfraß — Nimmersatt;
Lebt nur zum Zeitvertreibe. —
Die Männer sind an allen Schuld!
Drum panzert euch nur mit Geduld —
Die sorgenlosen Väter
Sind hier die Uibelthäter. — —

Allein

Allein — was geh'n mich andre an!
Die Red' ist hier von Twazzen:
Für diesen Ritter lobesan
Zahlt ihr ja euern Bazzen. —
Der Kridler schnarcht mich drüber an:
„Herr Author, bleibt bei euerm Plan!„
Permiß! — Die Episoden
Sind ja gelehrte Moden!

Doch dank' ich dir, Herr Kritikus,
Für die gehabte Mühe;
Ich selbst wünsch', daß mein Genius
Nie von dem Plane fliehe —
Indeß giebt's doch gelehrte Leut',
Die von dem Plan zwölf Klafter weit —
Den Leser Amüsiren —
Gelehrt zu paradiren. — —

——

Poz Bliz! wenn man doch einmal gährt, (a)
So hat das Ding kein Ende!
Drum bitt' ich, lieben Leser, **hört,** —
Nun weiter die Legende.
John Twaz, der kam nach Haus vergnügt,
Denkt sich: Das fremde Männchen lügt!
Schläft ruhig ohne Sorgen
In Einem weg, bis Morgen.

Helen und **Gertraud** freuten sich
Des wohl gelung'nen Kniffchens.
Und **Arnolph** lachte inniglich
Des ausstudirten Pfiffchens —
Verdammt! — izt löscht das Lämpchen aus —
He! Licht! Es schläft das ganze Haus —
Wenn nur ein Kerzchen hätte! —
Was hilft's — ich muß zu Bette! —

(a) Gähren heißt im Plattdeutschen überflüßig reden.

Viertes Buch.

Inhalt

des

vierten Buches.

Arnolph geht ins Kaffeehaus, und erzählt Twazzen den ganzen Vorgang — Twazzens Betäubung — Ein pro und contra — Twaz will Augenzeuge sein — Geht zum Scheine aus — verstekt sich — Arnolph kömmt — Twaz auch — Frau Gertraud, Helen und Arnolph verloben sich — Arnolph muß unter einem Schleppkleide an der Wand, seine Sicherheit suchen — Twazzens Kompliment. Miß Helene nimmts Wort, liest dem guten Manne noch die Levite — Twaz durchsucht das ganze Haus — find't nichts —John

Inhalt

— John Twazzens Monolog — Bittet sein Weibchen um Verzeihung — Erhält sie — geht aus — Helena springt zum Kleide — Arnolph hat kein Leben — Er kommt zu sich — Arnolph wird ganz näkkisch — zu Haus ists nicht mehr sicher — Das Gartenhäuschen bringt Helene in Vorschlag — wird allgemein angenommen — Alle Donnerstage soll sich Arnolph um 8 Uhr früh im Garten einfinden — Eine dreiste Frage an Damen — Der Author wird relegirt, wenns möglich gar gehenkt — Bittet um Verzeihung — lenkt ein. — Arnolph geht als Junggeselle von der Frau Gertraud — Etwas von Mäulchen — Moralisten wissens besser was materia osculi et conaesquentia osculorum — — Arnolph wird gewarnt. — Hört nicht — Erzählt seinem Freunde das ganze Ebenteuer — Die Bestellung ins Gartenhäuschen — Twaz wird höchst unruhig — Strafe seiner Jünglingssünden — Geduld. —

* * *

Des andern Tags gieng zum Kaffee
Früh, zur gewohnten Stunde
Herr Arnolph — sucht' das Kanapee,
Und lispelt mit dem Munde,
Und sprach mit sich. So eben kam
John Twaz, sein Freund, herein, und nahm
Kaffee und, ließ sich nieder —
Nun gieng's ans Plaudern wieder.

Sie kos'ten viel und mancherlei,
Doch wußt' es Iwaz zu drehen,
Daß sie in ihrer Plauderei
Da, wo er wollte, stehen.
Er lächelte schon innerlich,
Wie wieder Arnolph ritterlich
Sich würde prahlend blähen,
Ihm eine Nase drehen.

Iwaz, von der Lüge überzeugt,
Fragt ihn nun um die Szene —
Und Arnolph ohne Arges bricht':
Ich war bei meiner Schöne. „
O, lieber Arnolph, wüßtest du,
Daß dieß ihr Mann: du schwiegst; doch nu!
Ich kann dergleichen Sachen
Doch nicht mehr anders machen.

„Mein bester Freund, hör mich nur an,
Du — lachst dir wohl ein Kröpfchen;
Ich war bei ihr — Es kam der Mann —
Ich lache noch dem Tröpfchen;
Er kam — und schnaps! war ich im Schrank,
Da stekt' ich zehn Minuten lang;
Ist gar ein guter Kasten —
Mit Vorhang und mit Quasten."

———

„Ein kluges Weibchen ist fürwahr
Mit Geld nicht zu bezahlen!
Den Tag werd' ich auch alle Jahr
Hochfeiern in Bokalen.
Ja wohl, ist's wahr, daß Weiberlist
Weit über die der Männer ist!
Hab's endlich selbst erfahren
In meinen jungen Jahren."

———

Twaz stand, als wie vom Schlag gerührt,
Wie Arnolph dieß erzählte.
Den Puls hätt' kein Galen gespührt;
Denn die Bewegung fehlte.
Arnolph nahm die Verwandelung
Für eigennüz'ge Theilnehmung;
Man weiß, daß Spießgesellen
Oft selbst einander prellen.

———

Herr Arnolph merkt dieß; war nicht faul
Mit solchen Leckersachen
Dem armen Twaz das trokne Maul
Recht wässerig zu machen.
Und zum Beweis, wie seh'r ihm hold
Die Schöne, zeigt er ihm das Gold
Im Röllchen — Ach! hierüber
Gieng ihm das Auge über.

———

Herr Arnolph schnattert weiter fort,
Macht wundersame Pausen —
So — von was Extra's — das er dort —
Doch dieß sind leere Flausen;
So wahr ich Junggeselle bin!
Kam keinem etwas in den Sinn —
Ihr schmunzelt — schwör's aufs neue
Bei aller Weiber Treue!

Twaz nimmt Tabak, und räuspert sich,
Und kratzt sich hintern Ohren,
Sieht starr auf Einen Flek wie ich,
Wenn der Pajat verlohren.
Und dennoch thut er sich nichts aus,
Damit er diese böse Maus
Erhasche bei dem Spekke
Und strafe fürs Gelekke.

Twaz

Twaz fragt: Wann gehst du wieder hin?
„Heut Nachmittag um dreie!
O, Freund wie ich so glüklich bin,
Und mich der Schönheit freue!
O, schlüge nur die schöne Stund!„
Twaz wünscht ihm mit verstelltem Mund':
Proficiat Saluti,
Et profit Iuventuti!

Die Mittagsstunde kam heran;
Nun trennten sie sich beide,
Arnolph, der liebetrunkne Mann
Nährt sich von innrer Freude:
John Twaz hingegen nährte mehr
Den innern Harm; denn Zentnerschwer
Lag ihm auf seinem Herzen
Ein ganzer Berg von Schmerzen.

Bald

Bald glaubt' er's — wieder glaubt' er's nicht
Das nagende Spektakel.
Er dacht': „Was so ein Männchen spricht,
Ist doch noch kein Orakel. —
Zwar möglich kann so was wohl sein;
Ich habe einen solchen Schrein;
Doch solcher Kleiderschränke
Giebt's viele, wie ich denke."

―――――

„Zudem traf ich mein Weibchen an
So schuldenlos und ehrlich;
Sie nähte und Helene spann,
Wie stäts, das sah ich klärlich.
Und — wenn so etwas wär' gescheh'n,
Hätte ich es warlich müßen seh'n
An Mienen, Schopf und Haube —
So wie ich denk' — und glaube."

„Indeß, denk' ich: der Teufel trau
Dem losen Apotheker! (a)
Mein Weib ist klug, verschlagen, schlau
Jung, schön und — ohne Höker —
Ich kann nicht eifersüchtig sein;
Ihr keuscher, tugendhafter Schein
Ist stärker als die Rüge
Des fremden. — Sie ist lüge!„

So dachte Twaz; allein so was —
Ich kann es euch nicht nennen,
Fängt Twazzen ohne Unterlaß
An seiner Stirn zu brennen. —
Ihm fiel das alte Mittel ein;
Er selbst will Augenzeuge sein;
Denn bei den Augenzeugen
Muß der Verläumder schweigen. — —

Der

───────────
(a) Der Teufel trau dem Apotheker; er hat viele Büch-
sen!, ist ein Sprichwort. —

Der feste Entschluß war gefaßt —
Iwaz gieng zu seiner Stunde
Zum Scheine aus; allein er paßt,
Und harret auf die Runde.
Für dießmal wird er nicht entgeh'n;
Iwaz kann ihn bis zum Hause seh'n.
Er wird ihn für das Naschen
Betachteln und beflaschen.

* * *

"Mein lieber Arnolph, hätt' ich wen:
So schikt' ich dir entgegen;
So aber wirst du sicher geh'n.
Nun freu' dich auf den Segen!
Ich gebe keinen Heller drum,
Iwaz gärbet dich blitzblau und krumm?
Ich möcht im Schuz' der Feen
An deinen Plaz nicht stehen!

* * *

Doch,

Doch, dem, wem nicht zu rathen ist,
Ist schwerlich auch zu helfen.
Allein, ihr klugen Weiber, wißt
Zu rathen den Arnölpchen! — — —
Den ganzen lieben Nachmittag
Laurt Arnolph auf den Glokkenschlag —
Nun schlägt die schöne Stunde! —
Twaz, paß! — Izt kömmt die Stunde. —

John Twaz ließ seines Weibs Galan
Bis zu der Thüre gehen;
Doch nun rennt Twaz, der gute Mann
Ihm nach — Hast du's gesehen! (a)
Kaum trat Arnolph ins Zimmer ein —
Schrie Helena iu Einem Schrei'n,
Beim heil'gen Nikolause! —
Der Mann kömmt izt zu Hause.

Frau

(a) Wird gebraucht, eine hastige und geschwinde Bewegung auszudrükken —

Frau Gerteraud verlobte sich —
Wohin? Hab's nicht erfahren —
O steh ihr bei — ich bitte dich,
Du Liebling ihrer Laren!
Helen erweiset diese Ehr',
Verlobt sich fei'rlich der Zyther;
Sie wußt', daß in der Liebe,
Die — große Wunder übe.

Herr Arnolph trippelt hin und her,
Als hätt' er das Laxiren;
Verspricht im Herze niemals mehr
So etwas zu probiren. —
Auf einmal Miß Helene schreit:
„Frau, seht doch dort eu'r langes Kleid!
Das kann vor Twazzens Augen
Dem Herrn zum Schirme taugen!„

Husch!

Husch! führt Frau Gertraud ihn zur Wand —
Arnolph in diesen Engen
Muß sich geschwind mit Hand auf Hand
Fest an den Haken hängen,
Und nun das Schleppkleid drüberher. —
Sagt mir's, ihr Männer, sagt es, wer
Dächt' wohl, daß an den Wänden
Sich solche Vögel fänden!

Twaz rumpelte in vollem Lauf
Ins Haus hinein, zur Stiegen,
Und wie der Bliz, die Stieg' hinauf,
Das Vögelchen zu kriegen.
Gar rasch und hastig öffnet er
Die Thür — fragt stürmisch polternd: „Wer?
Wer ist herein gegangen?
Ich will den Gimpel fangen!„

Frau Gerteraud, die wieder näht,
Fährt auf die Frag zusammen.
Das Köpfchen ihr im Feuer steht,
Die Brust in leichten Flammen.
Helen, die alte Praktika.
Dem Manne starr ins Auge sah,
Als ob sie beim Verhöre
Die Unschuld selber wäre.

———

Sprach: „Sapperment! das gieng' noch ab
Ist das der Lohn der Treue?
Die Frau, die nie noch — Anlaß gab
Zu einer — doch ich scheue
Hier Ihrer treuen Gattinn Ohr:
Sonst sagt' ich Ihnen Dinge vor,
Daß Sie sich sollten schämen,
Und gern den Abtritt nehmen?„

———

„Pfui

„Pfui Teufel? Geh'n, und suchen Sie
In Winkeln und in Ekken —
Geh'n, suchen Sie so lang und wie,
Seh'n, ob Sie wen entdekken! —
Bei uns war niemand, das weiß ich,
Wir ganz allein — versteh'n Sie mich:
Doch durch so grob's Gebärden
Könnt' so was möglich werden!,,

———

Die Frau erholt sich endlich auch,
Fängt an dem toll'n und bösen
Gemahl', nach treuer Weiber Brauch,
Brav die Levit' zu lesen (a)
Es fehlte fast kein Härchen mehr,
So fiengen sie aus Treu und Ehr'
Dem guten Mann' John Twazzen
Die Augen auszukrazzen. —

John

———

(a) Einem die Leviten lesen, ist eine Redensart
als einem das Kapitel halten, aus machen u. s. w.

John Twazzen war der ganze Spaß
Nicht eben so zum Lachen —
Er wurde roth, gelb, grün und blaß —
Ließ sich nicht irre machen.
In allen Zimmern suchte er
Sorgfältig in die läng' und quer —
Und — sonderlich im Kasten
Mit Vorhang und mit Quasten.

Wie Twaz so suchte, streifte er
Ans Schleppkleid an dem Nagel
Ohn' Arges; doch dieß Ungefähr
Traf das Gedek wie Hagel.
Arnolph verlobt, als guter Christ,
Wie's in Gefahren Mode ist,
In der fatalen Stelle
Sich straks nach Stei'rmarktszelle. —

Der

Der Schrekken raubt' ihm das Gesicht,
So lang er da gehangen.
Er hieng wie todt, und hörte nicht,
Was weiter vorgegangen. —
Twaz gieng vorbei, denn dieß Kouvert
Schien ihm gar nicht der Mühe werth;
Er hatt' izt keine Freude
An seines Weibes Kleide.

Mit aller angewandten Müh'
Konnt' Twaz nichts Fremdes finden.
Doch konnt er auch noch nicht das Wie —
Nach seinem Wunsch ergründen.
Was Augen sehen, glaubt das Herz!
Dieß Sprüchelchen heilt ihm den Schmerz;
Ihm däucht's ohn' allen Zweifel,
Der Spuk komm' bloß vom Teufel. —

„Gesehen hab' ich, das ist wahr,
Ins Haus den Fremden gehen.
Ich such' und suche, da erfahr',
Daß ich nicht recht gesehen. —
Denn wär' er hier, so müßt' ich doch —
(Durchstöbert hab' ich jedes Loch!)
Ihn auch gefunden haben,
Und — könnt' mein Müthchen laben.„

„Dein Haus, weil es ein Durchhaus ist,
Ist er nur durchgegangen —
Was du doch für ein Tölpel bist,
Und gleich so — anzufangen!
Ich bin doch warlich gar nicht klug;
Wie leicht hab' ich sie den Betrug
Durch diesen Spuk gelehret,
Von dem sie nichts gehöret „

Arnolph,

„Arnolph, ein loser Vogel, er
Scheint einer von den Knaben,
Die viel's sich rühmen — nimmermehr
Die Brüh gekostet haben.
Daß hätt' ich doch, ich dummer Tropf,
Ich dummer Schöps, und Eselskopf
An ihm bemerken können!
Pfui! mußt' ich widerrennen!„

So dachte Twaz — Nun schleicht er hin
Zu seines Weibchens Füßen.
Er fleht — will seinen Frevelsinn
Von ihren Händen büßen.
Frau Gertraud ließ ihn lange knieen,
Bis es ihr gnug gebüßet schien;
Las dann dem groben Knittel
Ein sauberes Kapitel — —

John Twaz stand auf, versöhnt, und küßt
Dem treuen Weib die Hände. —
Ihr, die ihr es nun besser wißt,
Beguft auch eure Wände. —
Helen, da sie den Auftritt sieht,
Muß sich, wie John so bittlich kniet,
Die Freud' und das Entzükken
Zum Lachen unterdrükken.

Halb vier ist's schon — John Twaz muß
geh'n. —
Er geht, und geht mit Freuden;
Des Weibchens Treu hat er geseh'n;
Wie ist er zu beneiden!
O glüklich, glüklich ist der Mann,
Der so, wie Twaz nun sagen kann;
Ich hab' in meinen Runden
Mein Weibchen treu gefunden!

Es dacht' Helen, die Praktika;
Er hat den Schelm im Nakken;
Vielleicht kömmt er zurük, und ha!
Dann werde er uns zwakken!
Sie nimmt am Fenster ihren Ort,
Und wartet, bis das Männchen fort. —
Nun sprang in voller Freude
Sie hin zum Wunderkleide.

Poz Bliz! Was sie für Augen macht!
Arnolph war ohne Leben.
„Der Schrekken hat ihn umgebracht!
Wer kann's ihm wiedergeben!„
Helen lief hin: Gertraud lief her,
Und beiden war's um's Herze schwer;
Sie nahmen ihn herunter;
Doch Arnolph ward nicht munter. —

Sie rieben ihn mit wollnem Tuch',
Und fiengen an zu schütteln;
Sie wußten wohl aus einem Buch',
Wie dienlich hier das Rütteln.
Auch starke Geister brauchten sie —
Er kam zu sich — Er wußt' nicht wie,
Und was mit ihm geschehen. —
Das will ich gern gestehen.

Drei Viertel war's vorbei auf Vier,
Und Arnolph gar nicht munter. —
Ich glaub's — Wär' ich's: ich sagte ihr
Ein Lekziönchen r'unter.
Es ist doch auch kein Kazzendrek,
Am Haken, so in Einem weg
Mit solchen Herzensbängen
So lange Zeit zu hängen.

Arnolph

Arnolph thut's nicht — war zu verpicht,
Durch Gerteraud betäubet.
Er geht, bei meiner Seele! nicht,
Er zittert, bebt, und — bleibet.
Doch endlich zur Verwunderung
Der Gertraud, löſt ſich ſeine Zung —
So groß zuvor ſein Tattern,
So ſchnell geht nun ſein Schnattern.

―――――

Es iſt doch gar ein närriſch Ding,
Wenn zwei ſich heimlich lieben!
Das Hinderniß ſcheint ſtäts gering;
Nur Trennung kann betrüben.
Arnolph denkt nicht mehr die Gefahr,
Der er doch kaum entronnen war;
Aus ſeinem Thun und Weſen
Läßt ſich nur Wonne leſen.

―――――

Er plaudert süß und inniglich,
Und jemand will gar wissen,
Daß endlich unser Arnolph sich
Ermannt, die Frau zu küssen. —
Ich wende nichts dawider ein;
Denn so was kann wohl möglich sein,
Und einen Kuß in Ehren
Kann wohl ein Weib gewähren!

Frau Gertraud war ein kluges Weib,
Keusch, sittsam, treu und ehrlich;
Doch künftig schien der Zeitvertreib
Zu Hause ihr gefährlich.
Sie sann und dacht' ein Mittel aus,
Wie sie in einem Extrahaus,
Sich könnten beid' erfreuen,
Und ungestöhrt zerstreuen.

Sie sinnet hin, sie sinnet her;
Kein einzig's Haus im Städtchen
Find't sie, das so gelegen wär' —
Sie sinnt, ersinnt kein Väthchen.
Was dreien ein Geheimniß war,
Das würde mehrern offenbar;
Dann könnten von den Dingen
Wohl gar die Spazzen singen.

Doch endlich fällt Helenen ein,
Das kleine Gartenhäuschen;
„Kein Haus kann wohl bequemer sein
Für ein so süßes Schmäuschen
Denn alle Wochen wird ja dort,
An diesem liebe'sel'gen Ort
Die schwarze Wäsch' gewaschen —
Da ließ sich's weidlich naschen!„

Miß Helena fand dieses leicht,
Und den Gedanken prächtig,
Und für die Frau, so wie ihr däucht'
Im mind'sten nicht verdächtig;
Denn diese fand sich immer ein,
Damit die Wäsche weiß und rein. —
Wirtschaftlich kluge Frauen,
Die müßen selber schauen! —

Des Mädchens guter Genius
Ward Himmel an erhoben,
Und beide fanden ihren Schluß
Für gut und hochzuloben.
Und kurz, man wählt das Gartenhaus
Zur Liebe sichern Freistätt' aus. —
Hier können sie sich freuen,
Und ungestöhrt zerstreuen.

Arnolph

Arnolph erhielt nun den Bescheid,
An allen Donnerstagen
Früh, um acht Uhr zur Kaffeeszeit,
In Garten sich zu tragen.
Und zur Versichrung mußt ein Ring,
Den sie Arnolphen schenkt, das Ding
Nach Rechten fest verbinden,
Sich ja dort einzufinden.

———

So bittlich, wie das Weibchen thut,
Das müßt' mich selber rühren.
So starr und kalt auch schon mein Blut:
Könnt' mich so was verführen.
Sich ja dort einzufinden, das
Klingt ja dem Ohr' schön, sanft; für baß
Dem Herzchen gar behäglich;
Und so was giebt's nicht täglich.

———

Ihr

Ihr schönen Damen, klug, gescheid,
Giebt's viel so Gartenhäuschen?
Verzeiht mir meine Dreisigkeit,
Wie oft gebt ihr ein Schmäuschen?
„Du nasenweiser Grobian,
Was geh'n dich unsre Häuschen an!
Pfui! — weg mit dem Geschmiere!
Er — kehr vor seiner Thüre!„

„Wenn solchen Wisch das Männchen liest,
Was muß sich der wohl denken!
Pfui! weg damit — hin auf dem Mist! —
Den Skribler ließ ich henken! —
Ich zürne mich, daß die Zensur
Erlaubt so eine Kreatur! —
Der Mann — kriegt seine Tappen —
Uns lehrt er hier entkappen

Ihr holden, lieben Weiberchen,
Ich bitte, seid nicht böse;
Ich bitt' euch sämmtlich, und recht schön!
Seid ruhig — laßt's Getöse!
Euch zu gefallen lenk' ich ein;
Nur müßt ihr nicht mehr böse seyn;
Ich will der Extraszenen
Nicht Eine mehr erwähnen.

———

Nun gieng Arnolph so, wie er kam,
Als keuscher Junggeselle.
Wenn er ein Mäulchen gab und nahm;
Das bringt noch nicht zur Hölle. —
Versteht sich — ohn' Appendice —
So — in van Espens codice
Und ~~Busenbaums~~ Novellen
An mannigfalt'gen Stellen.

———

San=

Sanchez de matrimonio
Und gleiche Moralisten,
Thun zwar in Quart und Folio
Als ob sie's besser wüßten.
Sie distinguiren oscula
Sororea et spuria,
Et sequens osculorum
In sec'la seculorum.

So was geht mich nun wenig an;
Bin gar ein dummer Schlukker,
Und kein so hochgelahrter Mann,
Als diese Mükkengukker.
Wer so ein starker Praktikus,
Wie dieser Herr Sanchezius,
Mag solchen Quark entscheiden;
Ich werd' ihn nie beneiden.

Zur Sache — Arnolph sei gescheid,
Riechst du noch nicht den Braten?
Denn Liebe und Verschwiegenheit
Stäts große Wunder thaten.
Doch wer so offenherzig ist,
Wie du in deiner Liebe bist,
Kann, weil das Herz ihm offen,
Nie etwas bessers hoffen.

———

Was hilft's! Er läuft den andern Tag
Früh zur gewohnten Stunde;
Erzählt John Twazzen seine Lag',
Und schwazt aus vollem Munde;
Erzählt ihm jede Kleinigkeit,
Besonders das, vom langen Kleid,
Von Küssen und von Kosen,
Und mehr der süßen Schosen.

———

Und was dabei das Aergste war,
Hätt' er nur das verschwiegen. —
Das Gartenhäuschen mußt' so gar
Heraus — sich zum Vergnügen.
Kurz, alles kam ihm wieder r'aus;
Der Ring — Acht Uhr im Gartenhaus —
Früh — alle Donnerstage —
Pfui! Pfui! der Wiedersage! —

Die Augen, Stellung und Ideen,
Die hier Aktäon machte,
Die ernste Miene, Gang, und Ton,
Und daß er gar nicht lachte —
Mahl, jeder sich nach seinem Sinn
Nach dem Kostum der Männer hin.
Wohl mancher zieht gar Runzeln;
Will ob den Bild nicht schmunzeln.

Twaz geht, empfiehlt, und schließet sich
Zu Hause in sein Zimmer. —
Er denket nach — es wird der Stich
Des Wurms am Kopfe schlimmer.
Wie ihm die liebe Stirne brennt,
Und juckt, und tobet ohne End,
Wer das mir will beschreiben,
Muß sich, wie Twaz, beweiben. —

———

Sein Schmerz ist seine eigene Schuld;
Er bet' das Miserere. —
Daß eine Gottheit ihm Geduld
In vollem Maß beschere.
Das einz'ge, was ihn kann erfreu'n,
Er hat noch viele Brüderlein,
Die auch bei ihren Wehen,
In Twazzens Schuhen stehen. —

———

Dieß ist der Lohn der Missethat,
Die die Natur zerstöhret.
Er folgte wilder Menschen Rath —
Er folgte — ist bethöret. —
Er leide nun auch ritterlich,
Und schürze, schmier' und salbe sich —
Geduld nur kann die Beulen
Noch an der Stirn' zertheilen! —

———————

„Erkannte Arnolph Twazzens nicht
Im Zimmer an der Sprache?
Er war, wie die Geschichte spricht,
Sein Freund. — Hier diese Sache,
Herr Author, kömmt mir spanisch vor —
Unglaublich — nein! ein Weib — ein Thor —
Der glaube solche Sachen,
Worüber Klügre lachen!„

Herr Arnolph kannte Twazzen nicht —
Dieß könnt ihr sicher glauben —
Ihr wißt ja, wie ein Toller spricht;
Zorn pflegt die Stimm' zu schrauben.
Rauh, prasselnd tönet sie dem Ohr',
Der Klang kömmt hohl, dumpf, gurgelud vor —
Nun könnt ihr euch bequemen,
Dieß Diktum anzunehmen. —

———

Der Tag zur Wäsche kömmt heran;
Es freuet sich die Schöne.
Herr Arnolph auch, und auch der Mann
Harrt freudig auf die Szene. —
Kurz alle dreie freuen sich,
Und dieses billig, hoffe ich;
Doch wohl, wie alle finden',
Aus ganz verschiednen Gründen.

———

Ha!

Ha! Arnolph, Arnolph, deine Freud'
Fällt dir gewiß ins Wasser.
Durch Schrekken, Furcht und Traurigkeit
Wird dein Gesichtchen blasser. —
Als Sieger trabtest du einher;
Doch Sieger wirst du schwerlich mehr —
Für deine Liebsbokalen
Wirst du izt wohl bezahlen!

Nun, lieber Arnolph, schikke dich
Zu einer schweren Fehde;
Du kömmst, glaub mir es sicherlich,
Nicht leer aus dieser Rhede.
Mich dauert nur dein junges Blut,
Mich dauert dein gesunder Muth!
Ich seh' ängstliches Stöhnen
Von dir und deiner Schönen! —

Das Gartenhaus — das Gartenhaus,
So zeigt es die Sybille,
Droht unserm Arnolph Nacht und Graus,
Und dumpfe Todesstille.
Den Ausgang wird das fünfte Buch,
Wohl gar mit einem Leichenzug
Erzählen. — O dem Armen!
Wer hat mit ihm Erbarmen!

Fünftes Buch.

Inhalt

des

Fünften Buches.

Frau Gertraud geht mit Helenen in Garten — Das Lusthäuschen steht besonders — Twaz schleicht sich nach — verbirgt sich — Kann das Lusthäuschen übersehen. — Helene nimmt ihren Posten bei der Gartenthür — Arnolph kömmt — Twaz säumt nicht. Aviso — Verlegenheit — Kein Mittel Arnolph versteckt sich im Gertenhäuschen — Twaz hat Arnolphen ins Haus treten sehen — sucht — findet ihn nicht — Ausflüchten —

Twaz

Inhalt

Twaz wird toll, — will das Haus in Brand stekken — stekt wirklich das Haus an — es steht in Flammen — Arnolphs Zustand — wird verbrennen — Ein Improvisum — Ein Einwurf wird widerlegt — allgemeines Klatschen — Das Haus ist abgebrennt — Twaz ist froh, und — nicht froh. Twaz geht ab — Arnolph ist erhalten, — geht ab — verspricht wieder zu kommen — geht vorher ins Kaffeehaus — Twaz trifft ihn da an — Karrikatur — Twaz hält ihm ein saubers Kapitel. Arnolph entschuldigt sich — mag wollen oder nicht, soll abreisen. Twaz findet sich mit Arnolphen ab — Arnolph geht zu Schiffe — Reflexion über Twazzen — Zytherens cornu copiae für Spötter. —

* . *

Mein lieber Leser, nun beginnt
Die tragisch schwarze Szene.
Ich selbst möcht' weinen, wie ein Kind;
Nur fürcht' ich das Gehöhne.
Ihr, nehmt das Schnupftuch, halt's zur Brust —
Und weint euch satt nach Herzenslust. —
Ihr holden, guten Schönen,
Fühlt — schenkt ihm ein Par Thränen!

Frau

Frau Gertraud zur bestimmten Zeit
Gieng froh in ihren Garten,
Arnolphen dort, nach dem Bescheid
Im Häuschen zu erwarten,
Sie sah nur Freude um und um,
Und träumt sich ein Elysium.
Der Vögel muntre Chöre,
Die sangen ihr zur Ehre.

———

Helen begleitet sie dahin,
Das treuste Kammermädchen;
Sie war in dieser Liebsmaschin
Kein unbedeutend Rädchen. —
Sie hatte Augen, wie ein Luchs,
War schlauer, klüger, als ein Fuchs —
O solcher Füchschen Augen
Für treue Weiber taugen!

———

Ganz extra stand das Wäscherhaus,
Und niemand konnte sehen
Ins Lusthaus hin — der Spaß wär' aus,
Wenn so was könnt' geschehen.
Die ausgerungne Wäsche bracht'
Helen, die treue Kammermagd,
Dahin zur Frau; zu sehen,
Ob alles recht geschehen.

———

Die ausgerungne Wäsche ward
Gelegt in eine Tonne,
Gestärkt die Wäsche fein und zart —
Zu Gertraud's sel'ger Wonne.
Die Wäscherinnen sprachen gar:
„An der Frau Gertraud, das ist wahr,
Ein Spiegel ämß'ger Frauen,
Mag jedes Weib sich schauen!

So gar ich selbst, muß es gesteh'n,
Frau Gertraud gab sich Mühe;
Denn nie hab ich sie noch geseh'n,
Daß sie die Arbeit fliehe.
Es giebt wohl Weiber groß und klein,
Die laßen Arbeit Arbeit sein —
Und spaßig ist's zu sehen,
Wie sich die Dinger blähen!

———

Nun schlich John Twaz sich ganz gemach
Von ferne hin zum Garten,
Den schönen Anfang von der Sach'
Verborgen abzuwarten.
Das Gartenhaus stand offen frei;
Nur Eine Thür, war am Gebäu. —
Nichts konnte ihm entgehen;
Denn alles konnt' er sehen.

———

Miß Helena, die stellte sich
Nah an des Gartens Thüre,
Daß, wenn wer Fremder sichtbarlich,
Sie es gleich avisire.
Das Räuspern war das Feldgeschrei —
Die Schildwacht wachsam und getreu;
Sah niemal vor sich nieder —
Beständig hin und wieder. —

———

Herr Arnolph kam, und Wips! war er
Im Garten und im Häuschen.
Flugs! hob sich Twaz, Wips! hinterher —
So still, als wie ein Mäuschen.
Die alles seh'nde Helena,
Wie sie John Twazzen eilen sah.
Gab straks der Frau Aviso
Von diesem Improviso. —

———

Das

Das Zedder und das Mordio
Das hätt' ich mögen hören;
Allein List und Inkognito
Das Zedderschrei'n verwehren.
Frau Gerteraud schießt hin und her —
Sie weiß in dieser Angst nicht mehr
Sich aus der Noth zu helfen. —
Nun wehe den Arnölphen!

Kein Haken und kein langes Kleid,
Kein Kasten, keine Ecke,
Kein Winkel (welche Bangigkeit!
Der ihren Arnolph decke.
Sie zittert, starret, bebt und zagt —
(Zytheren sei die Noth geklagt!
Es kann durch solches Aeffen
Sie leicht der Schlagfluß treffen!

Arnolph

Arnolphen war nun auch wohl nicht
So eben recht zu Muthe.
Wie Leichen färbt sich sein Gesicht,
Der Umlauf stokt im Blute.
Bei dem Verdammten Ebenteur
Ist guter Rath nun beiden theu'r. —
Sie zappeln, seufzen, klagen,
Als wär' es schon am Kragen.

———

Sie sannen beide in der Eil' —
Sie sannen; doch vergebens.
Ihr wißt, ein gutes Ding will Weil' —
Wir leben gern des Lebens!
Das Würmchen krümmt sich, wenn es stirbt,
Und der, der alle Schäzz' erwirbt,
Kann nie, kann nie das Leben
Dem Würmchen wiedergeben. —

Twaz

Frau Gertraud sinnt, und denkt und sinnt,
Und haschet — welche Wonne!
Ein Mittel, das sie herrlich sind't,
Es war die große Tonne.
Arnolph, hinein! Wäsch unter ihn,
Gerung'ne Wäsche über ihn!
Nun war Arnolph geborgen,
Und Gertraud außer Sorgen.

Sie — nahm straks Wäsch' und stärkte sie,
Als wenn sie's gar nicht wäre,
That züchtig, fromm und keusch, als wie
Wohl nie die Zucht und Ehre.
Damit sie allen Schein vermied,
Sang sie sogar ein Kirchenlied
Von Buße, Höll' und Sterben
Und sel'gen Himmels Erben.

Helen

Helen hielt unsers Twazzens Lauf
Mit ungestümmen Fragen,
Und tausend solchen Dingen auf,
Die ich nicht weiß zu sagen.
Denn solche Mädchen, wie Helen,
Die aus dem Z die Kunst versteh'n,
Die können Männer Staxen,
Nach ihrer Lust bebaxen.

Twaz, der geseh'n — doch nichts gehört,
Ließ sich nicht mehr erhalten;
Jemehr das Kammermädchen wehrt,
Vermehren sich die Falten.
Mit wilder Mien' und bösem Sinn
Kömmt er zum Gartenhause hin.
Schon vor des Hausesschwelle
Hört Gertraud sein Gebelle.

Twaz stampft und will hier an der Stell
Das fremde Männchen wissen, —
Hier soll der lockere Gesell
Für seinen Frevel büßen.
Twaz kennt sich nicht vor Zorn und Gift;
Er stößt und schlägt was er nur trifft.
Sein Weibchen ausgenommen;
So sehr sein Zorn entglommen!

Helene auch; denn diese war
Ein Mädchen, wie der Teufel;
Sie — wußte Twazzen auf ein Haar
Zu lösen seine Zweifel.
Nur Stühle, Gläser, Bänk', und Tisch'
Empfanden Twazzens Flederwisch;
Die mußten für die Sünden —
Des Mannes Zorn empfinden.

Durch das Geprassel ward gestöhrt
Frau Gertraud im Gesange.
Helen, da sie dieß Lärmen hört'
Greift rasch nach einer Stange:
„Poz hundert tausend Sapperment!
Hat denn das Lärmen noch kein End!
Das, was Sie da beginnen,
Zeugt, daß sie ganz von Sinnen."

Von Sinnen? he! von Sinnen ich?
Das, was ich selbst gesehen,
Das sah ich klar und sichtbarlich —
Er soll mir nicht entgehen! —
Er stekke, wo er immer stekt!
Es dekke, was ihn immer dekt!
Ich — ich will ihn entdekken —
Ihm — wehren das Verstekken! —

Das Weibchen schwur ihm hoch und theur,
Bei ihrer Treu und Ehre!
Daß dieß verdammte Ebenteur
Vom leid'gen Satan wäre.
Und daß das Ding nicht anders sey
Schwur Helena und stimmt' ihr bei —
Durchs Läugnen und durch's Schwören
John Twazzen zu bethören.

Allein John Twaz der hörte nicht
Auf diese Weiberschwüre. —
Ich — dächte, was man eidlich spricht,
Daß dieß auch überführe!
Und über dieß, was man nicht weiß
Macht einen weder kalt noch heiß!
Um nicht die Ruh zu rauben
Muß man das beßte glauben.

Twaz

Twaz glaubt es nicht, der arme Tropf;
Er folgt nicht meinen Lehren. —
Ein andrer kluger Männerkopf
Ließ seine Ruh' nicht stöhren!
Und wenn sein Weib vom Hahnrei spricht:
So glaubt er's doch dem Weibchen nicht. —
Gewöhnt sich an das Spassen,
Und ist und bleibt gelassen.

———

Twaz sucht, und suchet sehr genau
In Winkeln und in Ekken —
Er sucht, und dünkt sich dießmal schlau,
Das Mäuschen zu entdekken.
Das Zimmer ist nun durchgesucht,
Und alle Winkel durchgesucht. —
Nun treibt's sogar den Narren
Zu suchen untern Sparren.

Er sucht die Länge, Kreuz und Quer,
Und spähet mit dem Degen. —
Er sticht und rennet hin und her —
Und denkt — er soll sich regen.
Es regt sich nichts. Nun wird er toll —
„Das Haus, bei allen Teufeln soll,
Und darf nie was verlieren.
Mich soll's nicht lang veriren!,,

―――――

Iwaz denkt — Die beiden Schönen sehn
Das Ding nun ganz gelassen;
Das Aegste was nun kann gescheh'n,
Bringt sie nicht zum Erblassen. —
Die Tonne kömmt ihm nicht in Sinn!
Oft gieng er an der Tonne hin;
Ihm ist's nie eingefallen
Die Wäsche aufzuballen.

―――――

Arnolphen

Arnolphen ward die Szene lang;
Er mußt' sich ärmlich schmiegen;
Ums Herze war's ihm eng und bang —
Beschwerlich ihm das Liegen.
Der Athem war zurückgepreßt,
Und ihm die Kleider durchgenäßt;
Wahrhaftig so ein Lager
Hat selten wohl ein Schwager!

Twaz denkt — sagt' ich — Er dacht und sann,
Ob er nichts übersehen. —
Es sann — und fand der gute Mann,
Daß alles schon geschehen.
Da ihm kein Ort mehr übrig war,
Beschloß der böse Mann so gar
Zum Beispiel und zum Schrekken
Das Lusthaus anzustekken. —

Sein

Seine Urtheil macht'er donnernd kund,
Schrie: Feuer, Feuer, Feuer!
Und dreimal wiederholt's sein Mund.
Dein Schluß, John Twaz, ist theuer. —
Wahr ist's, du kühlest deinen Muth,
Das ist wohl alles recht und gut;
Doch brennt dein Häuschen nieder,
Wer bauet dir es wieder! —

Er hört mich nicht. — damit ihr's wißt —
Schrei't: Feuer, Feuer, Feuer!
Verbrennt muß sein, denkt er, dann ist
Vertilgt dieß Ungeheuer.
Er schrei't, und schreiet immer mehr:
Nur Feuer, Feuer, Feuer her!
Nun kamen Wäscherinnen
Das Brändchen zu beginnen. —

Wenn Arnolph aus der Tonne springt,
So ist so was kein Wunder!
Verbrennt zu werden, wie mich dünkt,
Ist warlich auch kein Plunder! —
Er springt — springt nicht — In beiden Fäll'n
Mag er die arme Seel' bestell'n! —
Arnolph, ihr Herr'n Lektores,
Geht sicher izt Kapores! —

Helene und Frau Gertraud flehn —
Arnolph bleibt in der Tonne.
Das Weibchen weint, doch jede Thrän'
Ist Twazzen eine Wonne.
Der böse Mann hört nicht ihr Flehn;
Er bleibt bei seinem Schlusse stehn —
Das lange Kleid — der Kasten —
Ihn bei der Stirne faßten.

Ver-

Vergebens war des Weibs Bemüh'n,
Vergebens der Helene.
Twaz ließ sich nicht vom Schlusse zieh'n;
Trutz weiblichem Gestöhne.
Dem Weibchen lag die Tonn' im Sinn —
Das Häuschen — Häuschen, Häuschen hin!
John Twaz mag immer schauen,
Und sich ein Neues bauen!

————

Arnolph, sagt' ich, springt nicht heraus;
Er kannt' nur einen Schrekken.
Er wußte nicht, daß Twaz das Haus
Beschlossen, anzustekken.
Für ihn war dieses noch ein Glük;
Die Wäsche lag auf ihm so dick,
Daß er kein Wörtchen höret,
Daß Twaz das Haus zerstöret.

————

Das Feuer war nun angelegt,
Schon schlug's in lichte Flammen —
Das arme Weibchen weint, und schlägt
Trostlos die Händ' zusammen.
Helene weinet bitterlich,
Frau Gertraud krümmt und windet sich —
Der Himmel mag des armen
Arnolphens sich erbarmen!

***

Wie so das liebe Häuschen brannt',
Fieng's Twazzen fast zu reuen.
Des geiz'gen Momus Trieb entstand
In seiner Brust vom Neuen.
Sein eifersücht'ger Genius
Blieb doch bei dem gefaßten Schluß,
So — sich den fremden Laffen
Vom Weibe weg zu schaffen.

Wie viele Häuser müßtet ihr,
Ihr Männerchen, verbrennen!
Doch ihr thut's nicht — drum seid auch ihr
Klug und gescheidt zu nennen:
Verbrennt man Einen — kömmt daher
Der Zweite — Dritte, und so mehr —
Wer könnt' die Materjalen
Des ew'gen Feu'rs bezahlen!

———

Der Augenblik, wo dieser Trieb
Sich im Gesichte mahlet,
War beiden Schönen herzlich lieb;
Denn so ein Trieb bezahlet. —
Sie flehten, seufzten, hielten ihn
So bittlich fest an beiden Knien;
Das Einz'ge zu gewähren,
Und sie nur anzuhören. —

———

Twaz

Twaz hörte — und nun sprachen sie:
‚Das Häuschen mag verrauchen!
Allein, die schöne Wäsche! die
Wir täglich, nöthig brauchen. —
Nur diese rette, lieber Mann;
Denn diese hat dir nichts gethan —
Es schlagen schon die Flammen
Bald über sie zusammen!‚‚

———

Der Mann ward weich; sah die Gefahr —
Sie einzeln r'aus zu tragen,
War nun unmöglich; denn es war
Nicht viele Zeit zu wagen.
John Twaz gerührt, sprang hastig hin,
Gertraud, Helen, die Wäscherinn —
Er — trugen nun die Tonne
Heraus, zu Gertrauds Wonne. —

———

Das Bitten war der rechte Kniff,
Den Kniff verstand Helene.
John Twaz ward nur durch diesen Pfiff
Bewegt durch Eine Thräne.
Er, als ein guter braver Mann,
Sah alles ökonomisch an,
Und dachte nicht von Weiten
An die Betrüglichkeiten.

―――――

„Ich — (Höre ich ein Weibchen schrei'n)
Wär' anders drein gegangen:
Die Wäsch', Herr Grobian, ist mein,
Die — laß ich mir nicht fangen!
Verbrennen Sie Ihr Hab' und Gut!
Mein Eingebrachtes hat die Huth
Und Wohlthat der Gesezze,
Daß es kein Mann verlezze.„

―――――

Madame, Nein, mit Grobheit wär'
Nichts ausgerichtet worden.
Ich kenn', bei meiner Treu und Ehr'!
Den eifersücht'gen Orden.
Er hätt's verbrennt — die Läsio
Et damni resarcitio,
Probatio illati,
Nec minus damni dati. —

Das alles hätte hintennach
Das Konsequenz gegeben
Sprich, wär' Arnolph bei dieser Sach'
Gesund, und noch am Leben?
Beim Teufel! nein, er wäre schon
Bei aller Resarzizion
Troz allen Advokaten!
Wie St. Lorenz, ein Braten.

Die heilige Helene muß
Das Ding doch besser wissen!
Für sie war's eine harte Nuß,
Die sie da beißen müssen.
Wie **Twaz** nachhin mit Recht und Fug,
Durchs Fleh'n erweicht die Tonne trug:
So hüpft auch allen beiden
Das lose Herz vor Freuden.

Die Freude, warlich, war nicht klein,
Die beide hier empfanden;
Frau Gertraud hatte Höllenpein
Und Schmerzen ausgestanden.
Der Amoretten ganze Schaar,
Der alte Schäker, Zevs, sogar
Fieng weidlich an zu klatschen
Und — Bravo! — zuzupatschen.

Zur

Zur Sach' — Das Häuschen lag nunmehr
In Schutt' und Asch' verwandelt,
Und nun reu't es John Twazzen sehr,
Daß er so toll gehandelt.
Doch ist er froh, daß nun der Mann,
Dem seine Frau so zugethan
Mit allen seinen Gaben
Im Schutte hier begraben!

———

Er läßt nun Wäsche Wäsche seyn
Geht fort und kalkuliret,
Wie viel er an dem Häuselein
Bei diesem Spaß verlieret.
Er macht zugleich den Uiberschlag,
Wie hoch beiläufig der Betrag
Von dieses Mann's Präsenten
Aus seines Weibes Renten.

———

Twaz

Twaz gehet — Gertraud und Helen
Dreh'n sich vor Freud' und Wonne —
Und wie sie Twazzen nicht mehr seh'n,
So eilen sie zur Tonne.
Mir ist wohl um Arnolphen bang!
Der Spaß wahrhaftig war zu lang. —
Da alles gut geglükket
Ist er wohl gar erstikket!

Nein, dieses nicht — Er ist gesund;
Nur ein gebad'tes Mäuschen.
Das erste, was ihm aus dem Mund —
War: „Das verdammte Häuschen!
Er zitterte und bebte sehr;
Die Nässe drükt ihn immermehr.
Es klappern ihm die Zähne
Bei dieser nassen Szene. —

Frau Gertraud gab ihm ein Präsent,
Was? hab' ich nicht vernommen,
Und hieß Arnolphen vor dem End'
Der Wäsche wiederkommen.
Sehr dreist! — das hätt' ich nicht gewagt!
Nachdem dieß Arnolph zugesagt,
Gieng er der Nässe wegen
Sich anders anzulegen.

Er legt sich an — weil ihm noch kalt,
Denkt er durch Kaffeeskräfte,
Durch dieses Trankes Allgewalt
Zu wärmen seine Säfte.
Er geht nun in das Kaffeehaus,
Und trinkt mit Rahm vier Schalen aus,
Und läßt sich noch daneben
Ein Glas Rosolie geben.

Er trank — John Twaz, sein Herzensfreund
Trat ein — Welch große Augen
Macht Twaz, wie ihm Arnolph erscheint,
Die zur Verwundrung taugen!
Twaz dacht' nunmehr Arnolphen todt,
Und dieser sizt, ißt Zukkerbrod,
Und froh, vergnügt und munter
Schlürft er sein Gläschen n'unter.

„Geht nicht mit rechten Dingen zu;
Ist er's, so spielt ohn' Zweifel
Mit unser Einem Blindekuh
(Gott sei bei mir!) der Teufel."
So dachte Twaz, kreuzt, segnet sich;
Die Szene war ihm fürchterlich.
Er stand, als wie von Sinnen,
Wußt' nicht, was zu beginnen.

Arnolph

Arnolph sah den verwirrten Mann,
Stand auf, sich ihm zu nähren;
Allein der Unmuth fieng nun an,
Sich sichtbarlich zu mehren.
Ein jedes Wort, das Arnolph spricht,
Befärbet Twazzen das Gesicht.
Es war aus Twazzens Wesen
Mißmuth und Zorn zu lesen.

———

Arnolph will seinem treuen Freund
Den innern Gram zerstreu'n.
Die Neuigkeit, wie es ihm scheint,
Wird ihn gewiß erfreuen.
Erzählt nun die Historia
Von seiner treu'n Amasia,
Von Lusthaus, Feu'r und Tonne,
Von seiner Angst und Wonne.

———

Dieß lezte war es sonderlich,
Das Twazzen ängstlich machte;
Ihm häuften sich die Herzensstich',
Jemehr er drüber dachte.
Er faßte endlich den Entschluß,
Daß weit davon, gut für den Schuß;
Er denket durch das Reisen
Arnolphen abzuspeisen.

Er überlegt die Sach genau
Mit allegirten Gründen.
Schuldlos Arnolph und treu die Frau
Will sich nicht recht verbinden.
Jemehr er sinnt, jemehr er denkt,
Jemehr ihn diese Sache kränkt. —
Schwer ist's in solchen Wesen
Das Räthsel aufzulösen.

John

John Twaz verzeiht Arnolphen gern;
Nur soll in wenig Tagen
Sich unser Arnolph weit und fern
Von dieser Rhede tragen.
Arnolph will'gt nolens volens ein;
Doch jezt konnt' es nicht möglich sein;
Im Handlungs spekuliren,
Mußt' er sonst viel verlieren.

———

Denn sein Geschäfte fodert ihn
Noch viele — viele Tage.
Wohl wahr; doch unserm Twazzen schien
Dieß erst die größte Plage.
Twaz kalkuliret den Verlust,
Der euch, ihr Leser, schon bewußt,
Präsenten auf Präsenten
Verringern Twazzens Renten. —

———

Twaz

Twaz denket nach, und er bedingt,
Den Schaden zu ersezzen —
Wahrhaftig, so was, wie mich dünkt
Dient Amorn zum Ergözzen.
Arnolph der ehrenveste Mann
Nahm zwar den Vorschlag willig an.
Und ließ sich Twazzens Qualen
In Baren ausbezahlen.

———

Arnolph war auch ein Mann von Wort,
Macht sich zur Reise fertig;
Verläßt die Stadt läuft hin zum Port,
Ist eines Schiff's gewärtig.
Geht ab — doch denkt er oft zurük
An die Frau Gertraud, an sein Glük,
Und aus der Liebsaffaire
Macht er sich eine Ehre.

———

John

John Twaz, dieß war verdienter Lohn,
Und sehr gerechte Strafe.
Und dieser Auftritt wird dich schon
Noch peinigen im Schlafe,
Er hat Verlust — nichts als Verlust,
Dieß engt des geiz'gen Mannes Brust —
Er möcht vor vielen Wehen
Und Kummer gar vergehen.

Twaz darf, so groß, wie auch sein Leid
Davon kein Wörtchen sagen.
Man weiß, was Leute, die gescheidt
Von solchen Männern sagen! —
Geduld, mein lieber Twaz Geduld;
Du selbst bist an dem Uibel Schuld;
Du schimpftest der Zythere —
Nun bet' das Miserere!

Wär' jeder Jüngling, so wie er
Gestraft für seine Sünden:
So denk' ich, würde man noch mehr
Von Twazzens Schiksal finden.
Und billig ist's, daß dieser Schwarm
Empfindet Frau Zytherens Arm!
Dieß sicher, eh man's denket;
Geborgt, ist nicht geschenket! —

Es giebt oft klein und großes Weh;
Die Strafe ist verschieden;
Zytherens cornu copiae
Hat mancherlei beschieden:
Krampf, Hektik, Chir= und Podagra
Die Bleichsucht, Gicht et caetera,
Und allen viele Schwäger;
Weil alle — schlechte Jäger. —

Das

Das Ende beider Liebenden
Und Twazzens und Helenen
Wird kurz im sechsten Buche stehn —
Ihr gähnt — und ich muß gähnen.
Ich wünsch' euch angenehme Ruh —
Geh in mein Bett', und deck' mich zu —
Will Morgen in dem Garten
Bei Gertraud euch erwarten.

Sechstes Buch.

Inhalt
des
Sechsten Buches.

Frau Gertraud harret vergebens — ist untröstlich — Arnolphen reuet seine Abreise — Muß bleiben — stirbt vor Gram — Gertraud härmt sich — zehrt sich ab — Helen tröstet sie nicht — Hält sich an ihr Mandat — Gertraud stirbt — Helene wird entlassen — Bringt Zytheren Rapport — wird belobt — Zythere hat ein Projekt für Kammermädchen — Gertraud und Arnolph treffen sich beim Elysium — Der Eingang ist gesperrt — Ein Portier steht vor dem großen Thore — Ohne Billetten wird keiner eingelassen — Eine Portiersszene — Der Portier wird höflicher — verweiset die Schatten nach Zypern — Da das Einlaßbillet

Inhalt

zu holen — Die Schatten kommen nach Paphos — Melden sich beim heiligen Rathe — diabolus rotae peitscht sie herum — Amors Protokoll ist nicht legal genug — Die Sache zieht sich in die länge — Twaz grämt sich wegen des vielen Verlustes und stirbt — Kömmt in diese Stadt wird als Zeuge produzirt — Zweifel auf Zweifel — Endlich empfiehlt Twaz die Sache dieser zwei Schatten nachdrüklich — und sie wird geendet — Sie erhalten ihr Billet, — werden ins Elysium eingelassen — Zythere empfängt sie — Zevs erhebt beide zu Schuzpatronen — Twaz empfiehlt sich in propria causa — eine Gleichniß — Erhält sein Billet — wird eingelassen — Zypria erblikt ihn — Twaz wird eingesperrt; Zypria wendet sich ans Appellatorium — Der Paß wird annulirt. Twaz zur Hölle verdammt — Hier trifft er Momuspfaffen — Vorwürfe — Entschuldigungen — Luzifer gebietet Frieden — Drohet mit Bastonade. Ruhig wird's. — Beschluß —

Frau Gertraud harrte stundenlang,
Und niemand wollte kommen;
Um's Herze war's ihr schwer und bang —
Von Sehnsucht ganz beklommen.
Sie harrte — sah Arnolphen nicht;
Sie schalt ihn einen Bösewicht;
Doch fühlt sie für den Armen
Noch zärtliches Erbarmen. —

Oft, oft blikt sie zur Gartenthür;
Arnolph will nicht erscheinen. —
Allein nun schlägt das Herzchen ihr
Zu stark; nun muß sie weinen.
Sie weint und schluchfet wie ein Kind,
Die Augen roth — sie wird noch blind,
Wenn sie's noch lange treibet,
Und so ein Närrchen bleibet!

Manch Weibchen hätte sich gedacht:
Verlohren ist — verlohren!
Und über den Verlust gelacht,
Was Neu's sich auserkohren.
Zu dem das ew'ge Einerlei —
Und dummer Weiber dumme Treu
Will ja in unsern Tagen
Den Weibern nicht behagen!

Frau Gertraud war ein dummes Weib;
Lieb war ihr nicht das Neue;
Dem, welchen sie zum Zeitvertreib
Gewählt, verehrt sie Treue.
Daß sie John Twazzen ausgewischt,
Und nun mit fremden Hamen fischt,
Das war nicht ihre Sache,
Das war Zytherens Rache.

―――

Vergebens harret Gertraud,
Vergebens harrt Helene.
Wer hätt's Arnolphen zugetraut,
Zu fliehn von seiner Schöne?
Sie warten jeden Donnerstag;
Mit ihm vermehrt sich Gertraudsplag,
Sie glich vor Lieb' und Grämen
Sich nicht; nur ihrem Schemen.

―――

Seit-

Seit dem **John Twaz**, der arme Tropf,
Das böse Haar gefunden, (a)
So krazt, und schüttelt er den Kopf —
Durchjammert viele Stunden.
Das, was ihm noch am schwersten fällt,
Sind die Präsenten, und das Geld,
Das er dem fremden Laffen
Gab, um ihn fortzuschaffen.

Arnolphen reu't sein rascher Schluß;
Er schlägt die Augen nieder;
Ihn zieht der Liebe Genius
Zurück — zur Gertraud wieder.
Allein der böse Mann Neptun
Erwachte von dem Schlafe nun,
Und räuspert solche Wellen,
Die hoch das Schifflein schnellen.

Schnell

---

a) In einer Sache Haare finden ist eine komische Redensart, die so viel ausdrükt, als Dinge an einer Sache entdekken, die anstößig sind — Nachdenken verursachen.

Schnell fliegt es fort, und keiner weiß,
Wohin das Schiflein flieget.
Vor Angst ward jedem warm und heiß,
Und sich am Boden schmieget.
Arnolphen stieg zu Berg das Haar;
Er sah, daß es unmöglich war,
Zur Schönen um zukehren.
Er weint — nichts helfen Zähren!

Er mußte fort — mit innerm Gram
Und seinem Liebesfieber. —
Zu dieser schweren Krankheit kam
Das Brechen oben drüber. —
Nun war es mit ihm aus — Er starb —
Was ihm sein Martertod erwarb,
Hat Amor in den lieben
Journalen aufgeschrieben.

Frau Gertraud härmte sich und floh
Nun all' Ergözlichkeiten;
Kein Pikenik macht sie mehr froh,
Sie sah nur Citelkeiten.
Sie blikket ihren Ehkumpan
Kein einzigs mal — nicht seitwärts — an
Nichts — nichts kann sie zerstreuen,
Und nichts die Kranke freuen.

———

Das volle und das sanfte Roth
Auf ihren holden Wangen
Verwischt der Gram — der Tod — der Tod
Ist einzig — ihr Verlangen.
Einst schloß sie sich ins Kämmerlein,
Rang lang, rang viel mit Todespein
Seufzt laut: Tod, mein Verlangen,
Komm, eil' mich zu umfangen!

———

So hingewelket, abgezehrt,
War sie, wie ein Gerippe.
Der Tod, der ihre Wünsche hört,
Mit Stundenglas und Hippe
Naht sich; der dürre Knochenmann,
Ist nun des treuen Weibs Galan,
Und will sie von dem Bösen
Der argen Welt erlösen.

Helene tröstet Gertraud nicht,
Stimmt noch zu ihren Klagen. —
Sie hatte nun das ausgericht't,
Was ihr war aufgetragen.
So weit gieng die Kommission
Von Venus und Zytherens Sohn.
Die heilige Legata
Hielt pünktlich die mandata.

Frau Gertraud starb—John Twaz ih-Mann
Sah nun, was er verlohren.
Er klagt, sich selbst als Mörder an
Wünscht, wenn er nie gebohren.
Was ihm erst hier empfindlich fällt
Ist, Sterben — Sterben kostet — Geld —
O daß die Jura Siolá!
Doch nur der Geier hôle!

———

Helen, so bald die Frau erblich,
Begehrte die Entlassung.
Twaz gab sie gern, und freute sich,
So sehr er aus der Fassung.
Wips! hob sie sich von diesem Ort,
Bracht' Frau Zytheren den Rapport
Vom Anfang bis zum Ende,
So sagt uns die Legende.

———

Zythere

Zythere danket, neiget sich,
Für alle Müh' und Treue,
Versichert, daß sie inniglich
Sich ihrer Dienste freue.
Dieß nur ein Anfang, ein Versuch —
Sie habe diesen schlau und klug
Nach ihrem Will'n vollzogen;
Sie — bleibe ihr gewogen.

———

Zythere will beim Götterath
Das Ding in Vorschlag nehmen,
Und, wie sie denkt, wird der Senat
Sich leicht dazu bequemen.
Helene soll nach ihrem Sinn
Als ewige Botschafterinn
In jeder Stadt und Städtchen
Belehren Kammermädchen. —

———

Sie

So bracht's auch vor den Götterrath
Die göttliche Cythere,
Daß Helene in jeder Stadt
Die Kammermädchen lehre.
Bewilligt war's, und seit der Zeit
Sind diese Mädchen so gescheidt,
Daß manche oft im Aeffen
Helenen übertreffen.

———

Helen' hielt's nur mit ihrer Frau;
Doch unsre Kammermädchen
Sind klug, verschlagen wizzig, schlau;
Versteh'n sich auf ihr Rädchen.
Sie stehn im Sold bei Frau und Herrn,
Und sie bedienen beide gern;
Die Frau mit klugem Rathen,
Den Mann mit Rath und Thaten.

———

Arnolph

Arnolph und Gertraud trafen sich
Im blumigen Gefilde.
Die Ankunft war so wonniglich,
So herzlich süß und milde. —
Das selige Elysium
War noch für beide um und um
Gesperret und verschlossen,
Das hätte mich verdrossen!

Sie harrten lang, und niemand kam
Zu der versperrten Thüre,
Der weg das Schloß die Riegel nahm,
Und sie zur Freude führe. —
Die armen Schatten dauern mich!
Hätt' ich die Schlüssel — warlich, ich
Wär' längst durch sie gerühret —
Hätt' sie hinein geführet. —

O schlichen sie zur Hinterthür
Des seligen Gefildes!
Wie viel' umschleichen den Portier
Trotz anathem'schen Schildes!
Allein sie harren vor der Thür
Des Gallathors, wo ein Portier
Den, der den Eintritt waget,
Um die Billetten fraget.

———

Der Pförtner war ein Grobian,
Wie's insgemein Portiere.
Sie klopften still und leise an —
„He! wer schlägt an die Thüre?
Ich bitte, höflich, mehr Diskret!
Habt ihr ein Einlassungsbillet,
So laß ich euch passiren?„
Nein! „geht; sonst werd' euch führen!„

———

Klopfklopf! bei meiner Ehr' und Treu!
Laß keine Seel' paſſiren.
Ich könnt' ob ſolchem Tudeldei
Gar ſchön mein Brod verlieren!„
Ich kann nichts thun — ich armer Gauch!
Schikk' mich nach meiner Herren Brauch,
Muß tanzen, wie ſie pfeifen,
Das könnt ihr leicht begreifen. —„

Die heil'ge Kongregazion
Kann ſperren oder löſen
Und die Kanoniſazion
Beſtimmt die Würd' und Weſen;
Wär' das Kanoniſtren nicht
Dann könnt' ich wohl manch armen Wicht
Zum Heil'gen promoviren;
Zur ew'gen Freude führen —

„Wenn

,,Wenn unser einer, fikkerment!
Das Ding nicht recht verstünde,
Schnaps! nähm' man ihn, poz Sapperment!
Beim Kopf, und straft' ihn Sünde.
Verzeiht mir drum, und schert euch fort!
Bekümmert euch um den Paßport;
Bei mir sind die Billetten
Ganz unbedingt vonnöthen. —,,

,,Oft kömmt ein ehrliches Gesicht,
Ich ließ es gern passiren;
Hat es das Einlaßzettel nicht:
So muß es stehn und frieren.
Bin manchmal grob — oft ist mir's Leid —
Ich seh's euch an, ihr seid gescheidt;
Ihr werdet mir verzeihen,
Und mir nicht maledeien.,,

Ich bitt' euch, geht nach Zipern hin,
Dort findet ihr ein Städtchen,
Da meldet euch — Die Priester d'rin
Versteh'n sehr gut ihr Rädchen.
Da wird in der Kommission
Das factum in den Rath gezoh'n,
Pro — Kontra disputiret,
Das punctum eruiret.„

Sie giengen dieser Insel zu,
Und freuten sich des Glükkes,
Des Friedenorts, der Wonn' und Ruh
Und günstigen Geschikkes.
Sie trafen bald das Städtchen an,
Und segneten den guten Mann,
Den Pförtner — Giengen beide
Ins Städtchen voller Freude.

Wie hieß dann diese schöne Stadt?
Glaub — Paphos war ihr Namen —
Die halben Götter in Senat
Daselbst zusammen kamen.
Und diese Medioxumi
Ersparten Zevsen viele Müh';
Mit dem Kanonisiren
Müßt' Zevs viel Zeit verlieren.

Zytherens heil'ges Priesterthum
Hatt' dieses Rechtchen eigen;
Ein eisern Privilegium
Macht' alle Spötter' schweigen.
Es fanden sich bei diesem Recht'
Die Priester, gut und gar nicht schlecht.
Fürwahr, ein jedes Aemtchen
Hat immer auch sein Kämmtchen.

Gott

Gott Zevs, der liebte Lieb' und Wein;
Er konnt' indessen zechen,
Wenn diese sich die Häls' zerschrei'n —
Verstorbne heilig sprechen. —
Die Götter folgten Zevsen nach.
Seitdem ward diese nicht'ge Sach'
Aus einem jus deorum
Jus medioxumorum.

———

Das Ding, ihr Herr'n gieng folgend zu.
Gott Zevs litt an den Füßen;
Das Podagra ließ keine Ruh;
Zevs mußte wakker büßen.
Für was? so fraget man ein Kind!
Zevs ward an beiden Augen blind,
Und konnt bei diesen Wehen
Nicht mehr vom Zimmer gehen.

———

Er übergab drum dieses Jus
Regale exclusivum,
Dem obern Medioxumus
Das votum decisivum.
So groß dieß Privilegium,
Blieb das Appellatorium
Bei rechtliche Gravamen
Gott Zevsen eigen — Amen!

Die beiden Schatten meldten sich,
Bei diesem hohen Rathe.
Die Sache ward nun ordentlich
Traktirt vor dem Senate.
Kurz, alles gieng formaliter;
Man untersucht legaliter
Die Sache auf ein Härchen
Von diesem neuen Pärchen.

So wie die Sache Anfangs schien,
Wär' sie sehr bald geendet.
Allein durch Eines Manns Bemühn
Sich schnell das Blättchen wendet;
So gut es stand, so viel Verdruß
Macht ihnen der diabolus,
Er präsumirt das factum,
Verneinet das Intactum. —

Allein der rotae angelus
Sucht ihn zu refutiren,
Damit rotae diabolus
Den Braten sollt' verlieren.
Nun gieng's aus pro und contra her,
Daß, meiner Treu! ich nimmermehr
Geglaubt, daß sie die Sünden
Cum Sola (a) — so verstünden.

Gott

(a) Solus cum Sola non orat pater noster ein bekanntes kanonisches Tritum.

Gott Amor, dieser Ehrenmann,
Nahm sich zwar dieser beide,
So viel an ihm — recht ernstlich an,
Daß keiner sie beleide.
Er bracht' sein pünktlich's Protokoll
Daß sie aus dem die Strich' und Zoll
Der Heiligkeit entnähmen,
Und bald zu Ende kämen.

So deutlich, pünktlich das Journal,
So fand doch stäts der Teufel
Bald hier, bald da, kurz überall,
Viel Pausen, und viel Zweifel.
Man tummelte mit ihm herum;
Allein kein Teufel macht' ihn stumm;
Er ward nur noch vermeßner,
Ras't gar, wie ein Beseßner.

Die heil'ge Kongregazion
In ihren einzeln Gliedern
Wußt' diesem argen Höllensohn
Kein Wörtchen zu erwidern.
Er schrie, und schrie in Einem Schrei'n,
Die Väter endlich nikten drein:
Bald ja, bald nein — wie eben.
Das Votum war zu geben.

———

Ich will nicht hoffen, daß der Rath
Das Ding von uns entlehnet,
So was, das wäre in der That
Werth, daß man es verhöhnet. —
Ein Halbgott, der das Ding versteht,
Ist niemals so galant, diskret,
Daß, wenn sein Nachbar nikket,
Er auch sein Köpfchen — bükket

———

Der

Der Knoten steft gewiß nicht hier;
Hat einen andern fundum —
Ich bin kein Rathsherr; aber schier
Errath' ich das profundum.
Der Knoten löst sich selber auf,
So zeiget es der Sache Lauf.
Bald wisset ihr das Räthsel —
Merkt auf — bald kömmt die Prezel (a)

Iwaz

(a) Eine Art Bakwerk — Ein Bäkker in der Stadt N., in Thürigen, hatte einen Prozeß, dessen Ende weder sein Großvater, noch Vater erlebet hatte. Ein guter Freund rieth ihm, eine Prezel zu bakken, sie mit 50 Dukaten zu füllen, und selbe dem Herrn Richter, oder besser, seiner Frau zu schiffen, welche Salva justitia angenommen werden könnte; der Richter oder seine Frau würde sich die Prezel, besonders aber die metamorphosirte Fülle recht wohl schmekken lassen, die Streitsache mit mehr Aufmerksamkeit durchsuchen, und des Bäkkers Gründe wichtig gnug finden — dictum factum. — Der Bäkker gewann den Prozeß. Sed nego consequentiam!

Twaz grämte sich ob dem Verlust
Des Gelds — ward dürr und mager;
Eng wurd' es ihm um Herz und Brust;
Er abgewelkt und hager.
Der Gram verzehrte sein Gebein;
Er starb — Man scharrt John Twazzen ein,
Gab wohl bedächt'ger Weise
Ihm vieles Geld zur Reise.

Es war zu jener dunkeln Zeit,
Wo Geisterchen regierten
Und wo die Banner weit und breit
Die guten Leutchen schnürten.
Die Erben trauten Twazzen nicht
Drum legten ihm die dummen Wicht'
Viel Geld in Sarg, daß nimmer
John Twaz betret' die Zimmer.

Twaz,

Twaz, der verstorbne gute Mann
Kam auch in diesem Oertchen,
Und zwar zum rechten Zeitpunkt an,
Wo auch der Mann ein Wörtchen
Zu reden hat. Der Punkt war der:
Ob die Visitten nie der Ehr'
Des Mann's zu nah getreten.
Hier war Beweis vonnöthen.

Dem Tagebuch Gott Amors war
So eben nicht zu trauen;
Der kleine Schalk war immerdar
Beliebt bei schönen Frauen.
Beeidigt war er gleichfalls nicht;
War stäts ein loser Bösewicht;
Wie leicht kann er zu Gunsten
Den heili'gen Rath bedunsten.

Ihm fehlt auch die Legalität
Nach Rechten und Gesezzen:
Nie hat das Authentizität,
Was Kinder plaudern — schwäzzen.
Denn was ein Minorenner spricht,
Dem glaubt der Rechtsgelehrte nicht,
Dieß billig, wie ich denke.
Man kennt der Jugend Schwänke. —

Twaz selbst war hierin int'ressirt,
Er fand sich sehr beleidigt,
Er war als Zeuge produzirt,
Das Gegentheil beeidigt,
Er schwur, daß er an seiner Ehr'
Niemals gekränket; so was wär'
Wohl eine schwere Sünde,
Wenn er es eingeſtünde!

Twaz

Twas sagte mehr — das Protokoll
In causa dieser Schatten
Ward von Entschuldigungen voll;
Doch wollten sie nicht statten.
Bald fehlt's an der Legalität,
Bald an der Authentizität,
Bald fehlte es am Wunder,
Bald — wer erzählt den Plunder!

Die beiden Schatten sonderlich
Beriefen sich auf Gründe;
Allein sie hielten keinen Stich,
Daß ich nicht billig finde.
Von je der Martertod — erwarb
Dem, der dieß heil'gen Todes starb,
Zum herben Kampfes Lohne
Die lorberreiche Krone.

---

* ——— *

Sie waren beide Martyrer;
Sie starben beid' aus Liebe;
Drum wundert mich das Ding so sehr,
Daß man den Paß verschiebe.
Das Rad wird bald geschwinder geh'n,
Wenn sich John Twaz nur wird verstehn,
Mit dem bekannten Nervus
Zu krazzen seinen Servus.

———

Der gute Mann bequemte sich
Empfahl sich jedem Vater
Aktiv, mit Nachdruk, wie es sich
Gebührt für jeden Vater.
Auf einmal gieng die Sach' geschwind
Und gut zu Ende, wie der Wind.
Sogar der böse Teufel
Schwieg — machte keine Zweifel.

———

Nun ward den beiden Schatten gleich
Ein Päßchen ausgestellet,
Und sie im ew'gen Freudenreich
Den Heil'gen zugesellet.
Das Pettschaft und Authentikum
Macht nun den Pförtner blind und stumm,
Es gehn die Heil'gen beide
Nun ungestöhrt zur Freude.

———

Zyther' empfieng und führte sie
Zum großen Götterſaale. —
Willkommen! lächelt Zevs, lud die
Zwei Heiligen zum Mahle.
Göttinn und Götter freuten ſich
Der Heil'gen; aber ſonderlich
Brüſt't ſich bei dieſer Ehre
Die Stifterinn — Zythere.

Zevs' hob die Heiligen zum Lohn
Für ausgestandne Wehen
Zum mächt'gen großen Schuzpatron —
Für liebende zu flehen.
Arnolph steht süßen Herrchen bei:
Gertraud schüzt kluger Weiber Treu —
So steht es in der lieben
Legende eingeschrieben.

———

John Twaz, der diese Wirkung sah
Erfreute sich des Nervus,
Und macht in causa propria,
Wie vorhin seinen Servus.
Und seine Sache gieng geschwind,
Geendet war sie wie der Wind
Sogar der böse Teufel
Schwieg — machte keine Zweifel,

Man stritt ein wenig hin und her
Mit den Legalitäten;
Dieß Pliktri foderten vielmehr
Nur die Formalitäten.
So wie's bei einem Manne geht
Den man zur Doktorwürd' erhöht —
Wie wird da dissertiret
Und weidlich disputiret!

John Twaz erhielt auch sein Billet;
Er trollt nun zum Portiere,
Der an dem Gallathore steht,
Der — öffnet ihm die Thüre.
Twaz dreht sich im Elysium
Vor Freuden dreimal um und um,
Freut herzlich sich des Nervus
Und gut gemachten Servus —

Frau Zypria erblikt' ihn hier
In ihrem heil'gen Tempel,
Sie hätt' den armen Teufel schier
Zum warnenden Exempel
Zerkrazt — Sie speret den Heil'gen ein —
Erreget den Prozeß vom Neu'n,
Fängt an zu queruliren.
An Zevs zu appelliren.

———

Minerva ward als Referent,
Wie es leicht einzusehen,
Vom göttlichen Senat ernennt,
Die Akten zu durchgehen.
Sie machte nun ihr Referat,
Darüber wurde im Senat
Legaliter votiret —
Das Päßchen annulliret.

———

John Twaz ward nun verdammt zur Höll
Zu Momus und Plutonen,
Und bei des Zerberus Gebell
In Ewigkeit zu wohnen.
Twaz macht ein grämliches Gesicht,
Doch half sein dumpfes Grunsen nicht,
Er mußte auf der Stelle
Hinab zur Qual der Hölle.

Et nulla hinc redemptio
Ex regno infernorum,
So lautet die conclusio
Pro poena peccatorum.
So ist es nun, und anders nicht,
Was immer auch der Grübler spricht
Von dessen Konsequenzen
Und Inkonvenienzen.

John Twaz, der arme Teufel, muß
Für seine Tugendsünden
Nun beim Gebell des Zerberus
Den ew'gen Schmerz empfinden.
Nach seinem bösen Lebenslauf
Gieng ihm nun erst das Lichtchen auf;
Der Pfaff hat ihn betrogen,
Der Hölle zugelogen.

Twaz traf bei seiner Höllenkunft,
Den Mann, der ihn bethöret;
Mit ihm des Momus Pfaffenzunft,
Die ihn solch Zeug gelehret.
Poz Bliz! wie fuhr Twaz Mann für Mann
Mit Flüchen, wie ein Landsknecht an!
Er schwur, stampft mit den Füßen:
„Ihr sollt den Frevel büßen!

Ho, ho! nur nicht so groß gethan!
Schrie ihn der Oberpfaffe
Aus seiner vollen Kehle an,
Du dummer Lai und Laffe!
Von uns hat keiner dich verführt;
Du hast die Sünde selbst studiert —
Und nun kein Wort — Ich schwöre
Bei meiner Priesterehre!„

―――

„Genug! ist nicht der Mühe werth,
Des Kazzendrekkes wegen,
Daß man beim Priesterthume schwört,
Um das zu widerlegen.
Die ganze fromme Klerisei
Stimmt ihrem Oberbonzen bei.
Twaz sträubt sich, schimpft und lärmet,
Schreit, raset, tobt und schwärmet.

―――

Die

Die Pfaffen bellen brav zurük,
Um Twazzen zu betäuben.
Doch Traz sucht in der Strefreplik
Das Schrei'n noch höh'r zu treiben.
Auf einmal schrie aus Einem Mund
Der sehr verschmizte Bonzenbund:
Du Schurke lügst —,, Wir schwören
Bei Lama's heil'gen Ehren! —,,

Der Höllenfürst, Gott Luzifer
Kam, hörte das Gezänke,
Und brüllte drein; Ich bitte mehr
Respekt; — ist keine Schenke (a)
Sonst nehm' ich alle bei dem Kopf,
Und beutle allen so den Schopf,
Daß ihr die Hände faltet,
Und künftig Ruhe haltet.,,

,,Was

(a) Ein Wirthshaus.

„Was eure Priesterehr' betrift,
Damit bleibt mir vom Leibe;
Das, was sie auf der Welt gestift't
Zu eurem Zeitvertreibe,
Das hat hier alles aufgehört;
Kein Teufel wird durch sie bethört
Bei mir hilft kein Verkappen;
Ich kenn' euch Herr'n am Tappen.

„Das Sprichwort hab' ich oft gehört:
Wer gerne lügt, der schwöret;
Der lügt gewiß, der gerne schwört;
Wahr ist's auch umgekehret.
Mir Knasterbart, der alles weiß,
Macht ihr durch Schwür' nicht warm, nicht heiß
Gebt Ruh! für Kujonade
Krieg't ihr hier Bastonnade. —„

Und

Und ruhig war's — Wer fürchtet nicht
Des Luzifers Gebelle?
Sie wußten schon, das, was er spricht,
Vollzieht er auf der Stelle.
Der Fürst verstehet keinen Spaß;
Sie könnten leicht für so etwas
Kopf oder Füß' verlieren,
Und — ihre Steiße schmieren. —

———

Wie's diesen armen Teufeln gieng
Und noch geht in der Hölle,
Wie Pluto Ballen spielt' und fieng
Sie wieder auf der Prelle;
Wie er sie findet, bratet, spießt,
Ihr schon aus Vater Kochen wißt;
Aus dem könnt ihr für Sünden
Die Strafen alle finden.

Ich könnte wohl noch manches euch
Die Läng' und Quer erzählen,
Von Momuspfaffen, Plutosreich,
Und von verstorbnen Seelen;
Von Bonzentrug und Bonzengift,
Wie es uns arme Laien trift;
Wie man uns sucht zu kirren,
Um's Köpfchen zu verwirren.

———

Allein ich fürchte das Skandal,
So, wie der Hund das Wasser
Was schert mich Hans Sardanapal!
Was mich der reiche Prasser!
Was mich Zytherens Priesterthum
Mit seinem Privilegium!!!
Ich mag in meinem Leben
Kein Aergernißchen geben.

———

Und

Und wäre mir von ungefähr
Gar so ein Ding entwischet;
Und hätte es festiviter
Mitunter aufgetischet:
So bitt' ich, lieber Leser, dich,
Von ganzem Herzen — inniglich —
Absolve a peccatis —
Und hiermit punctum satis!

―――

Doch guter Jüngling, hüte dich
Vor Johnens Jünglingssünden,
Du wirst, als Mann dann wonniglich
Der Liebe Becher finden.
Des Lebens Würz', den Lebenstrank
Schmekst du, genießt dein Leben lang
In Freuden, die hienieden
Dem Manne — sind beschieden,

―――

Wisch

Wisch ab, was allegorize
Auf's wahre Bild gestreuet;
Und das, was episodize
Manchmal hineingereihet.
Such Wahrheit — fühl sie junger Mann —
Flieh' das was John und Bonz' gethan —
Samt Probabilitäten,
So darfst du nicht erröthen.

———

Sanft fließt dir dann des Leben hin,
In Manneskraft und Stärke;
Dem Alter hat es hoh'n Gewinn
Mit diesem Jugendwerke.
Ob deiner Jünglingsmunterkeit
In dir sich Kind und Gattinn freut;
Und hast dann nicht vonnöthen
Des — Davids — Psalm (a) zu beten.

(a) Herr, sey deinem Knechte gnädig; gedenke nicht an die Missethaten meiner — Jünglingsjahre!

Drukfehler

Seite 8. Zeile 14 statt exsp. ließ ex Spiritualibus

Seite	Zeile	statt	ließ
— 10	„ 2	„ Germaniens	„ Germanjens
— 11 (a)	„ 15	„ wir	„ war
— 15	„ 14	„ Kauklusion	„ Konklusion.
— 18	„ 14	„ Mönchetroz	„ Mönchetroß
— 32	„ 10	„ hintern	„ hinterm
— 37	„ 11	„ Kampan	„ Kumpan.
— 41	„ 14	„ hihr	„ ihr
— 61	„ 2	„ Gese	„ Gesell'e
— 64 (a)	„ 3	„ Elgennuz	„ Eigennuz
— 82	„ 6	„ pracht'gen	„ prächt'gern
— 87	„ 4	„ wlndigen	„ windigen
— 93	„ 11	„ Stzuzzer	„ Stuzzer
— 147	„ 8	„ Zahlert	„ Zahler
— 148	„ 4	„ vonvor'gen	„ von'svor'gen
— 154	„ 3	„ Gehen	„ Geh'n
— 162	„ 17	„ Conaesquentia	„ Consequentia
— 164	„ 11	„ bricht	„ beicht't.
— 170	„ 8	„ lüge	„ Lüge.
— 172	„ 4	„ Arnolpchen	„ Arndlplen
do	„ 8	„ Stunde	„ Runde.
— 173	„ 6	„ Zyther	„ Zyther'
— 182	„ 4	„ werde	„ würbe
— 186	„ 4	„ Bätchen	„ Räthchen
— 193	„ 9	„ Twazzens	„ Twazzen
— 216	„ 11	„ Aegste	„ Aergste
— 218	„ 1	„ Seine	„ Sein
— 271	„ 10	„ Vater	„ Pater
— 275	„ 5	„ speret	„ sperrt
— 281	„ 13	„ findet	„ siebet.

www.ingramcontent.com/pod-product-compliance
Lightning Source LLC
Chambersburg PA
CBHW032109230426
43672CB00009B/1680